教育部优秀教学科研团队建设项目（重点选题）"思想政治理论课网络教学辅助课堂教学的实践探索与研究"（项目批准号：19JDSZK012）之成果。

·马克思主义研究文库·

思想政治理论课
线上线下混合式教学案例

吴九占　郭　宇 I 主编

光明日报出版社

图书在版编目（CIP）数据

思想政治理论课线上线下混合式教学案例 ／ 吴九占，
郭宇主编 . -- 北京：光明日报出版社，2021.9
ISBN 978－7－5194－6337－3

Ⅰ.①思… Ⅱ.①吴… ②郭… Ⅲ.①高等学校—思
想政治教育—教学模式—案例—中国 Ⅳ.①G641

中国版本图书馆 CIP 数据核字（2021）第 187436 号

思想政治理论课线上线下混合式教学案例

SIXIANG ZHENGZHI LILUNKE XIANSHANG XIANXIA HUNHESHI JIAOXUE ANLI

主　　编：吴九占　郭　宇

责任编辑：李　倩　　　　　　　　　责任校对：范晓辉
封面设计：中联华文　　　　　　　　责任印制：曹　净

出版发行：光明日报出版社
地　　址：北京市西城区永安路 106 号，100050
电　　话：010-63169890（咨询），63131930（邮购）
传　　真：010－63131930
网　　址：http：// book. gmw. cn
E － mail：gmrbcbs@ gmw. cn
法律顾问：北京市兰台律师事务所龚柳方律师

印　　刷：三河市华东印刷有限公司
装　　订：三河市华东印刷有限公司
本书如有破损、缺页、装订错误，请与本社联系调换，电话：010－63131930

开　　本：170mm×240mm
字　　数：198 千字　　　　　　　　印　　张：16
版　　次：2022 年 1 月第 1 版　　　　印　　次：2022 年 1 月第 1 次印刷
书　　号：ISBN 978－7－5194－6337－3
定　　价：95.00 元

前　言

随着智能互联时代的到来，思想政治理论课教学模式正在发生前所未有的结构性变革。为了反映思政课教师贯彻落实习近平总书记在学校思政课教师座谈会上重要讲话精神取得的最新成果，展示在思政课建设和教学改革方面的创新作品，交流开展线上线下混合式教学的宝贵经验，我们面向全国本专科高校思政课教师广泛征集线上线下混合式教学设计案例，作为教育部优秀教学科研团队建设项目（重点选题）《思想政治理论课网络教学辅助课堂教学的实践探索与研究》之成果。

本书秉承中共中央宣传部、教育部关于印发《新时代学校思想政治理论课改革创新实施方案》的通知精神编写，每门课程精选3~4个教学案例，为某一章或某一节的混合式教学设计。案例结构包括教学理念或思路、教学目标、教学设计、学情分析、教学重点难点、教学方法与手段（含使用的教学平台、课程网站与教学工具）、教学过程、练习设计和作者简介等，部分章节略做微调。本书力求做到以下几点：一是引领性。顺应教育教学改革发展的趋势和潮流，贯彻习近平总书记关于思政课改革创新的讲话精神，实现信息技术与教育教学的深度融合，引领思政课线上线下混合式教学改革创新。二是系统性。在全国范围内征集本科和专科主干课程教学案例，包括社会实践教学案例，实现案例的主干课程全覆盖。三是创新性。在案例收集过程中，要求作者必须有线上线下混合式教学的经历，有教学特色和典型经验，对教学内容进行重构，对教学流程实现再造，按照国家级金课要求和规范，制作高标准规范性又有创新特色的案例。四是可借鉴和复制性。目前，线上线下混合式教学正在逐步被广泛应用，但混合式教学的流程和方法、手段等还需一个成熟的过程。本书将为本科和专科思政课教学改革提供可参照或可复制的案例与经验。

在当前建设国家一流课程和开展高校教师教学创新大赛的背景下，编写思想政治理论课程线上线下混合式教学案例，体现了习近平总书记关于思政课要改革创新，推进信息技术与传统优势相结合，坚持主导性和主体性相统一等重要论述精神，体现了教育教学改革发展的趋势和潮流，体现了思政课改革创新的迫切要求，反映了近年来思政课开展教学改革的新进展。

本书可供全国思政课教师和学生参考与使用，但愿能够为推进思政课教学改革略尽绵薄之力。

吴九占
教育部优秀教学科研团队建设项目负责人
国家一流线上课程《中国近现代史纲要》负责人

目　录
CONTENTS

第一编 01

本科课程教学案例

第一章

《中国近现代史纲要》教学案例

第一节　不同社会力量对国家出路的早期探索

一、所在教材章节

第二章　不同社会力量对国家出路的早期探索

二、教学理念

以习近平总书记关于思政课要改革创新，推进信息技术与传统优势相结合，坚持主导性和主体性相统一等重要论述为指导，树立正确科学先进的教学理念和教学目标。

（一）教育性教学

以立德树人为根本，以理想信念教育为核心，通过讲授对国家出路的早期探索，培养学生弘扬爱国主义精神、为国家富强而努力的社会主义核心价值观。

（二）实效性教学

把科学世界和生活世界联系起来，把历史逻辑、理论逻辑和实践逻辑结合起来，通过讲授不同阶级对国家出路的探索历程等，使学生科学认识生活意义和生命价值，把探索国家出路、为实现中国梦而奋斗内化为人生理念和行为指南，从而保证教学的实效性。

（三）发展性教学

贯彻以人为本原则，以学生为主体，以学生发展为核心，通过本章教学使学生在掌握知识的基础上，提高用唯物史观分析问题的能力，并通过成败对比，培养爱党情感，坚定"四个自信"，实现知识、能力、价值观的全面发展。

三、教学目标

（一）知识目标

1. 线上教学方面

学生通过观看教学视频、学习教案和课件、完成章节测验、观看资料视频等环节实现掌握基本知识和基本理论的目的。

2. 线下教学方面

在线上学习基本达成知识掌握目标的基础上，通过师生问答、小组讨论、组间辩论、合作学习等环节进一步巩固和补充知识。

（二）能力目标

1. 线上教学方面

学生通过线上观看主讲教师交互讨论的教学视频，参加课程平台上教师主导的课内讨论和师生都参与的综合讨论，以及完成作业和考试等

4

提升分析问题的能力。

2. 线下教学方面

学生通过参与翻转课堂的小组讨论，回答与讨论学生在线上提出的问题和教师在翻转课堂上提出的问题以及在翻转课堂上学生提出自己疑惑不解的问题和师生解答等，提升学生用唯物史观分析问题的能力。

（三）价值观目标

1. 线上教学方面

学生在线上观看主讲教师交互讨论的教学视频以及参与线上讨论，在提升分析问题能力的同时，能够提高是非辨别能力和价值判断能力，形成正确的价值观。

2. 线下教学方面

学生在翻转课堂上，通过参与小组讨论、回答和提出问题、开展讨论和辩论等环节，在提升分析问题能力的同时，能够提高是非辨别能力和价值判断能力，形成正确的价值观。

四、教学设计理念

1. "三位一体"导向观，即问题导向、目标导向和效果导向。

2. "七度融合"课堂观，即课堂教学的高度、难度、深度、广度、强度、精度、温度有机统一。

3. "学生中心"实施观，即以学生为中心组织教学，激发学生的内生性学习动力。

4. "相辅相成"协调观，即线上与线下教学相辅相成、相得益彰。

五、学情分析

(一)线上教学分析

本课程教学对象为本科一年级学生,通过中学教育,学生对中国近现代史知识等有一定的了解和掌握,故可以采取对重点难点问题以交互讨论的方式拍摄视频,开展线上教学。

为了保证每位同学都能达成教学目标,可以在预习教材、在线上学习教案和课件以及观看历史资料视频的同时,反复观看教学视频,并通过完成视频内插入题目和完成章节测验等掌握知识,并提升分析问题的能力。

线上教学基本上可以解决学生的知识掌握问题,并在观看教师交互讨论的教学视频的基础上,提升分析问题的能力,初步形成正确的价值判断。

(二)线下教学分析

现在的本科一年级学生,尽管大部分人适应了传统的教学模式,但信息互联网时代,学生对在线学习有一定的了解甚至是尝试,能够很快适应线上线下混合式教学,加之进入大学后的新鲜感和接受新事物的情结,因此可以逐步开展线下"翻转课堂"教学模式改革探索。

为了保证每位同学都能积极参与翻转课堂,要求学生首先要完成相关章节的线上学习,在课程公告提示"翻转课堂"教学内容的前提下,通过充分准备,包括做笔记等方式,能够比较顺利地参与"翻转课堂"教学之中。

根据班级学生实际情况,依据课程公告的学习安排,学生可以提前结成小组,开展初步讨论,形成知识结构图或思维导图,通过"互助合作"等形式，完全适应"翻转课堂"教学。

根据往届学生学习经验，在教师的鼓励、鞭策、激励和引导下，基本上所有学生都能够接受而且喜欢线下"翻转课堂"教学。

六、教学重点难点

（一）教学重点

1. 太平天国运动失败的原因。客观上中外反动势力的联合绞杀；主观上农民阶级自身的局限性，领导阶级不代表先进的生产力，没有科学的指导思想，领导集团的蜕变和分裂，军事战略的失败等。

2. 如何评价洋务运动。地主阶级的自救运动，中国近代化的起点，自身的局限性导致最终失败。

3. 戊戌维新运动兴起的背景和条件。第一，国际方面：甲午战争之后民族危机的加深；第二，甲午战争之后阶级矛盾的激化；第三，资产阶级维新派的形成；第四，资产阶级维新派的活动；第五，戊戌变法发生的具体原因。

4. 戊戌维新运动夭折的原因。第一，资本主义在中国发展得不充分与资产阶级维新派力量的弱小；第二，资产阶级维新派的主张与生俱来的软弱性特点与中国政治发展的趋势；第三，资产阶级维新派的推进策略失当；第四，顽固守旧势力的反对和抵制；第五，国际背景的影响。

（二）教学难点

1. 通过理论逻辑、历史逻辑和现实逻辑的统一，分析太平天国运动是否是对国家出路的探索。

2. 通过分析洋务运动的指导思想和口号等分析其性质是地主阶级

的自救运动还是爱国运动。

3. 通过分析洋务运动与当代中国改革成败的异同，培养学生的求异思维和发散思维。

4. 通过学习戊戌维新运动发生的背景，理解君主立宪是否是挽救中国之良方，重点讨论资本主义发展的历史趋势与中国走资本主义道路的不可行性。

5. 通过学习戊戌维新运动发生的过程，认识温和的"百日维新"为何阻力重重，重点讨论戊戌维新运动的政治改良主张与旧有政治制度的冲突。通过讨论两大政治力量的对比与斗争，分析戊戌维新运动失败的原因。

6. 为了让学生更好地掌握知识，提升分析问题的能力和形成正确的价值判断，在线上教学方面，设置了一些问题：（1）太平天国运动是推翻清政府的运动还是救国运动？（2）君主立宪是否是挽救中国之良方？（3）温和的"百日维新"为何阻力重重？（4）如何理解"戊戌变法"只是昙花一现？（5）为什么维新派发出"无力回天"的悲叹？

线下教学是线上教学的巩固、补充和提升，是课程教学高阶性、创新性和挑战度的体现。核心目标是在学生掌握知识的基础上，提高学生用唯物史观分析问题的能力，形成正确的价值判断。

七、教学方法与手段

（一）线上教学方法与手段

本课程线上学习平台为优课联盟课程网站（www.uooc.net.cn）。教学内容方面进行了重构，把教材内容体系转换为教学内容体系，再转换为具有逻辑结构的问题体系，最后落脚到价值体系。在教学方法上，采用三位主讲教师同时出镜交互讨论的方式。学生进行线上学习，通过观看教学视频，完成测验，开展讨论等教学任务，基本达成知识、能力、价值观"三位一体"的教学目标。教师在线上引导和参与讨论，发布和批改作业与试卷等。

（二）线下教学方法与手段

本课教学采用"翻转课堂"教学模式，使用"超星学习通"作为教学工具，开展智慧教学。在学生线上学习的基础上，主要以师生问答互动、交互讨论、合作学习、小组讨论、辩论、生问生答、生生讨论、生生互评等方式组织和开展教学，利用移动互联网⁺教学和智慧课堂的形式完成整个教学活动。教师提问和学生提问、讨论基于课程网站，小组讨论与合作学习基于微信群（如形成思维导图等），学生签到、抢答、教师网上提问、生生讨论、生生互评基于学习通的智慧教学工具功能，辩论等则是课堂现场开展。

八、教学过程

（一）线上教学过程

通过课程公告，提前通知学生在什么时间以前完成本章节的线上学习任务。

依次安排学生在线上观看教学视频，学习教案和课件，完成章节测验、课内讨论和观看历史资料视频，并在讨论区提出和回答问题，参与综合讨论。

根据课程公告，准备翻转课堂要进行的讨论等教学任务。

（二）线下教学过程

1. 打开课程网站，展示第二章线上学习内容，了解学生学习进度和知识掌握情况等。简要回顾已经学习的内容，说明第二章翻转课堂的教学重点和课程公告通知的主要任务，导入"翻转课堂"教学。

2. 利用学习通教学工具，通过投屏选择题等方式，引导学生讨论：太平天国运动是否是对国家出路的探索？根据学生选择结果，教师主导不同观点的同学进行辩论，教师进行结构性分析，指出应该从哪些视角看待太平天国运动与以往农民运动的区别，从哪些角度看待它不仅仅体现的是封建王朝的更替，更主要的是体现对国家出路早期探索的特征和本质。

3. 通过投屏，了解学生对洋务运动的认知，如"师夷长技以制夷"和"自强"口号的提出是否意味着洋务运动是爱国救亡运动？沿着洋务运动的道路走下去，中国能不能走上资本主义道路？洋务运动是不是资本主义性质？通过开展讨论与辩论，引导学生正确评价洋务运动，真正搞懂地主阶级自救运动与爱国救亡运动的本质区别，学会用主要矛盾和矛盾的主要方面等马克思主义世界观和方法论来分析问题。

4. 让学生分组开展合作学习，制作思维导图，分析洋务运动与当代中国改革开放的不同点。展示各组的思维导图，选取一些样本，让学生点评并投票，分析哪个组做得最系统并且有深度。引导学生进行思考，比如从性质、领导力量、指导思想、背景条件、领域内容等多方面进行系统性分析，特别是培养学生的求异思维、发散思维和批判思维。另外，要注意分析学生的习惯性思维方法，如洋务运动是被动的，改革开放是主动的，引导学生正确分析事物发生的背景条件与事物本身性质的关系。

5. 进行分组讨论：为什么在 19 世纪末出现资产阶级维新运动？每小组推举一名同学做重点发言，主要考查学生能否分析戊戌变法与之前的洋务运动和之后的辛亥革命的路线与区别，让学生在进行系统思维的同时，理解事物发生发展的历史逻辑、理论逻辑与实践逻辑的关系，理解戊戌变法与洋务运动性质的区别。

6. 通过投屏，了解学生对戊戌变法的掌握情况。学生选择之后开展讨论，并由学生回答：如没有人民群众的参与是否是戊戌变法失败的原因？人民群众参与是否是一个伪命题？人民群众是否对戊戌变法的失败负有责任？通过分析这些问题，提高学生分析和解决问题的能力，最后由教师进行观点分析和价值引导。

7. 展示课程网站上教师参与并置顶或加精的问题，首先让学生回答，引导学生在学习过程中提出问题，并探索如何解决在学习过程中遇到的问题，形成分析问题的方法，培育学生的问题意识，在提升学生分析问题能力的同时，提高价值判断能力，并培育正确的价值观。

8. 教师对小组讨论问题进行理论分析，提出如何实现理论逻辑和历史逻辑、实践逻辑的统一，培养学生系统思维和逻辑思维能力，有目的地引导学生形成系统思维习惯和分析问题的结构意识。

9. 教师对本节课教学小结，分析维新派的探索价值和对我们的现实启发，通过分析维新运动的结局，引导学生进入"辛亥革命"章节的学习。

九、练习设计

（一）线上教学方面

在视频中插入了问题，学生必须回答并正确回答才能继续观看视频，计入线上成绩。这些问题主要是该视频中涉及的基本知识，题型包括单选题、多选题和判断题。

每个章节都有测验，学生必须完成测验而且成绩在 70 分以上才能提交，计入线上成绩。测验内容主要是本章线上教学中涉及的基本知识，题型包括单选题、多选题和判断题。

每个学生必须参与线上课内讨论，提问和综合讨论，问题数量和质量计入线上成绩。学生需要在课内讨论区回答教师提出的问题，自主提出问题，同时与教师、同学一起在综合讨论区参与本区问题的讨论。

学生必须按照教师要求完成课程作业，线上提交并开展互评，计入线上成绩。学生按照课程教学要求，写出 4000 字左右的论文或调查报告，重复率低于 30%，由学生互评，如果对成绩有异议，可提出申诉，由任课教师再次评阅。

学生在完成线上 80% 的学习任务后，才能参加期末线上考试，计入线上成绩。线上期末考试，题型包括单选题、多选题、判断题和问答题。

（二）线下教学方面

知识掌握在线上学习阶段基本完成，翻转课堂给予巩固和应用。如在讨论分析的过程中师生一起给出知识点表述和认知。

通过小组讨论，学生提问和回答问题，教师理论分析等环节提高学生分析问题能力。本节中涉及了多个此类问题，如：太平天国运动是否是对国家出路的探索？洋务运动是地主阶级的自救运动还是爱国运动？为什么说会发生戊戌变法？它是帝国主义侵略中国带来的吗？光绪皇帝和康有为、梁启超不是一个阶级为什么能够走到一起？戊戌变法是光绪皇帝领导的还是康有为、梁启超等领导的？如果没有慈禧太后，戊戌变法能不能成功？没有参与戊戌变法中的人民群众是否是戊戌变法失败的原因？

通过小组讨论、合作学习、学生辩论、教师分析、引导和点评等环节，提高学生价值判断能力，培育正确的价值观。

依据上述教学过程中学生的表现和在知识掌握、能力提升、价值观形成方面的综合表现，给予学生相应的线下成绩。

（作者简介：吴九占，广州大学马克思主义学院教授，国家一流线上课程《中国近现代史纲要》负责人，教育部优秀教学科研团队建设项目（重点选题）《思想政治理论课网络教学辅助课堂教学的实践探索与研究》负责人，广东省在线开放课程指导委员会委员。主持国家社科基金项目"基于SPOC的思政课'翻转课堂'教学有效性评价体系研究"等国家级项目 7 项，著作 20 多部，论文 130 多篇，获教育部"精彩教案""精彩多媒体课件"，山西省优秀图书一等奖，广东省社会科学优秀成果二等奖，广东省高等教育教学成果一等奖等教学科研奖励。）

第二节　社会主义基本制度的确立

一、所在教材章节

第八章第三节　社会主义基本制度的确立

二、教学思路

开展线上线下混合式教学。运用线上资源引导学生预习基础知识，提出疑惑问题、思考解决教材重难点问题，带着问题进行线下课堂学习。线下教学内容将学生疑惑问题与教材重难点问题相结合，同时及时关注现实问题，形成教学问题，进行深度学习探讨。课堂采用师生互动、生生互动、小组合作探究学习等方式，共同解决教学问题，并根据教学情况及时反思及改进教学内容。

三、教学目标

（一）知识目标

1. 线上教学方面

学生通过学习公告，观看线上教学视频，在线测试等环节，掌握新中国成立之初的基本国情、新民主主义社会的基本含义和中国共产党过渡时期总路线的基本内容；理解社会主义三大改造的经验；了解第一个五年计划时期大规模社会主义工业化建设取得的辉煌成就等基础知识。

2. 线下教学方面

在线上学习基本掌握知识目标的基础上，根据教材的重难点和学生的疑惑点，形成线下教学知识目标。主要有"从新民主主义向社会主义过渡是历史必然""社会主义制度是历史和人民的选择""有中国特点的向社会主义过渡的道路"等问题。

（二）能力目标

1. 线上教学方面

学生通过线上学习，提出相应问题，提交到课程平台；同时将本课的重点、难点和现实密切相关的热点问题，以讨论题的方式，发布到课程平台，作为学生在自主学习中共同研讨的问题。由此，可提升学生提出问题、分析问题及解决问题的能力。

2. 线下教学方面

着力解决学生在线上学习活动中提出的问题和教材的重点、难点问题和现实的热点问题。以此提升学生用唯物史观分析问题能力和自主学习能力，增强学生间合作探究、团结协作的能力。

（三）价值观目标

1. 线上教学方面

学生线上的自主学习，可增强学生的问题意识，提高辨别是非的能力，进一步坚定没有共产党就没有新中国的道理，进一步理解新民主主义阶段的地位及作用。

2. 线下教学方面

通过线下课堂的小组合作探究、共同讨论等环节，把历史逻辑、理论逻辑和实践逻辑相结合，加深对中国为什么会选择社会主义道路的理解，坚定中国特色社会主义道路自信和制度自信。

四、教学设计理念

1. 以学生发展为中心，充分发挥学生的主体作用。
2. 坚持目标导向、问题导向和价值观导向相结合。
3. 知识传授、能力培养和价值观塑造的有机统一。
4. 教学内容及过程体现课程的高阶性、创新性和挑战度。
5. 推进线上教学、线下翻转课堂教学与实践教学多方联动。

五、学情分析

（一）线上教学分析

本次教学内容的主要授课对象是本科一年级学生，经过上、中编的学习，学生已适应了线上线下混合式教学模式，基本掌握了运用辩证唯物主义、历史唯物主义观点分析问题和解决问题的能力。为实现本课程的教学目标，我将相关内容的优质视频放到优学院平台上供学生观看（每个视频通常在10分钟以内），线上课程资源展示采用文字讲解和视频展示相互配合的方式。同时根据时事政治的变化，也会将与本课程内容相关的现实热点问题，录制成相关视频资源供学生学习，真正发挥历史关照现实的作用，增强课程的亲和力和时效性。

为检测每位学生的线上学习情况，学生学习完一段视频后，会设置相应的练习题，多为单选题和多选题，主要考查学生对知识的掌握和运用情况。学生必须正确回答相应问题才能继续学习。学生线上学习情况在优学院平台上都会留下记录，作为线上学习考核评价的依据，线上学习情况计入期末成绩，成为期末成绩的一部分。（期末成绩=线上学习成绩30%+实践学习成绩20%+期末考试成绩50%）。

本科一年级的学生已具备一定的历史知识基础，掌握中国现代史的基本框架，但对一些重大理论问题的理解还不够透彻。因此在线上学习平台发布本专题的重点和难点问题作为讨论题，使学生带着问题观看平台提供的教学视频，预习所学内容，回答相关问题，在学习中思考，并形成相关问题的分析和解答思路。各小组组长将线上学习中产生的疑惑问题，汇总到班级群里，并将典型性问题确定为本次课程线下教学共同讨论的问题。

（二）线下教学分析

1. 线下教学的内容

根据学生线上学习情况，教师可掌握学生的知识盲点和疑惑点，并结合教材内容的重点、难点，形成线下教学内容。增强线下课堂教学的针对性，充分发挥线上线下混合式教学互相配合、联动的作用。

2. 线下教学的形式

采用小组讨论交互式智慧教学课堂，通过展示各小组线上学习中对相关问题的思考，小组间共同讨论、教师与学生在探究中共同得出结论。完成对重大历史问题和学生疑惑问题的解答，实现本课的教学目标。有效发挥学生的主体作用和教师的主导作用，提高学生探究问题的主动性、分析问题的全面性。

六、教学重点难点

（一）教学重点

中华人民共和国成立开创了中国历史的新纪元。通过本专题的学习，使学生认识到中华人民共和国成立标志着新民主主义革命取得了基本胜利、半殖民地半封建社会的结束和新民主主义社会在全国范围内的确立，中国人民从此站起来了。

社会主义制度是历史和人民的选择。社会主义在中国由理想变为现实，实现由新民主主义向社会主义过渡是历史的必然选择。

（二）教学难点

如何正确评价我国的社会主义改造。

为什么说社会主义基本制度的确立为当代中国一切发展进步奠定了制度基础。

教师依据人才培养目标和教材的重点、难点问题，完成教材的整合，实现教材体系向教学体系的转变，并将相关问题发布到课程平台上，与学生共同讨论，以便在线下教学中更好地解决重难点问题。重难点问题的解决主要采用共同思考、合作探究、史论结合、关照现实、回应热点问题等方式，让道理越辨越明，以此增强思政课的政治性与学理性，体现教学的高阶性、创新性和挑战度。

七、教学方法与手段

（一）线上教学方法与手段

本课程所依托的线上学习平台为优学院 2.0 教学平台（www.ulearning.cn/portal/index.html#/index/portal）。在线上线下混合式教学部分，将教材体系转化为教学体系，依据教学的重难点设计教学问题，体现课程的问题导向意识、目标意识、价值引领作用。一是根据教学目标，设计线上教学内容，将相关知识点设计成若干个视频讲解模块（包括知识点介绍、视频讲解、题目自测），发布到优学院学习平台供学生线上学习使用，完成本课的知识目标。二是将本课的重难点设计成问题发布到优学院学习平台，由学生共同思考解决。采用生生互动、师生互动的方式共同进行线上讨论，以完成课程的能力目标。三是针对与本课程相关的现实问题、热点问题制作成视频资源，随时发布到线上平台供学生学习，增强课程学习的现实意义，以实现课程的价值观目标。

（二）线下教学方法与手段

本课教学采用线上线下混合式教学模式，翻转课堂使用优学院 2.0作为教学工具开展线下教学，具有课堂点名、抢答、打分、投屏等功能。线下教学内容，因学生通过线上学习掌握本专题的基本知识，完成相关测试，基本达成课程的知识目标。线下教学主要针对学生线上学习情况，围绕学生线上学习反映的知识盲点、教学重难点等问题，设计教学内容。并通过小组探究式学习、生生互动、师生互动、交互讨论等方式开展教学。

八、教学过程

(一) 线上教学过程

课前通过优学院 2.0 平台的公告栏，发布本专题的线上学习任务，告知学生在规定的时间内自主完成线上学习任务。

在优学院平台提供并及时更新相关视频学习资源，发布课程需要讨论的问题和小组作业。

学生在个人作业栏完成作业，并提出对本专题有疑惑的问题。小组长汇总成员的问题，并与成员共同完成讨论，形成相应答案，提交到小组作业栏。

(二) 线下教学过程

1. 打开课程网站，通过优学院学习平台，教师可提前查看学生线上学习情况。了解学生学习进度和知识掌握情况等，如果有同学未完成，可通过提醒功能进行提醒。通过学生完成试题情况、小组提交问题情况，有的放矢地确立教学的着力点。

2. 通过简要回顾课程的主要内容，强调本专题的地位及作用。总结学生线上学习情况，导入翻转课堂教学。

3. 根据学生的疑惑问题和教材的重难点，形成教学问题。通过优学院平台的投屏功能，将课堂需解决的问题依次展示，与学生共同讨论解决。

4. 展示学生知识盲点问题。通过投屏选择题的方式，了解学生对新民主主义社会性质的认知，开展初步讨论，引导学生正确认识新民主主义社会是一个过渡性质的社会，加深对新民主主义社会理论的认识。

5. 展示学生的疑惑问题：为什么会提出过渡时期总路线（即过渡时期总路线提出的历史条件）？教师通过引导思考问题的角度，每小组根据线上学习准备情况，完善解题思路，并推举代表发言。教师总结：过渡时期总路线的提出源于中国基本具备由新民主主义向社会主义转变的历史条件，具有历史必然性。

6. 展示教学难点问题：如何正确评价我国社会主义改造？通过学生分组制作和展示答案，选取有代表性的答案，分别进行点评，分析哪组观点更客观、全面，引导学生形成辩证分析问题和解决问题的能力。

7. 展示教学重点问题：为什么说完成社会主义改造是中国历史上最伟大最深刻的社会变革？教师可做相关引导：过渡时期总路线的提出标志社会主义改造的开始。引导学生从社会主义改造的内容与结果等角度，运用经济基础与上层建筑关系的理论，分析社会主义改造是中国历史上最伟大最深刻的社会变革。学生根据线上学习准备，进一步思考并完善答案，每小组推选代表发言，通过师生、生生共同探究讨论，达成共识。教师总结：社会主义改造使中国社会的经济结构、阶级关系发生了根本变化，我国社会成功实现了由新民主主义社会向社会主义社会的转变，为今后一切进步和发展奠定了政治前提和制度基础。开始了社会主义道路上实现中华民族伟大复兴的历史征程，确实是中国历史上最伟大最深刻的社会变革。

8. 进一步提出学生疑惑问题：20 世纪 50 年代，在中国共产党领导下的社会主义改造使我国由非公有制经济转变为社会主义公有制经济；而今天，同样是中国共产党的领导，却在改革开放后大力提倡发展非公有制经济，这是为什么？当今社会主义改革是否否定了当年的社会主义改造？这个问题是学生提出并感到疑惑的问题。改革开放以来，随着各种思潮的出现，对社会主义改造的评价存在截然相反的观点，对这些问题需要正确面对与回答。通过教师引导和小组讨论的形式，对这一问题进行理性分析。教师总结：无论是社会主义改造还是社会主义改革，都是时代发展的要求，都是为了适应生产力发展的需要，都是为了解放和发展生产力。因为社会主义事业处于探索过程中，要正视社会主义改造过程中的问题。

（9）最后教师对本节课教学小结：1949年中华人民共和国成立，中国人民从此站起来了，开创了中国历史的新纪元，实现国家幸福、人民富裕，民族复兴成为不懈奋斗的历史任务。1956年社会主义三大改造基本完成，标志着社会主义制度在中国确立，中国进入社会主义初级阶段，开启了社会主义建设时期。由此，引导学生进入"社会主义建设在探索中曲折发展"章节的学习。

九、练习设计

（一）线上教学方面

学生在线上观看教学视频，其中插入了练习题，题型有单项选择题、多项选择题和判断题，学生必须正确回答后才能继续观看视频。

教师在线上平台发布本课的重点问题，学生共同讨论完成，由小组长汇总成员的问题答案，形成本组问题讨论答案，为线下展示做准备。

各小组组长在小组作业中不仅发布本专题的重难点问题的答案，还要发布小组成员学习过程中产生的疑惑问题。

学生完成线上平台的视频学习、测试问题、作业提交等模块的情况，作为线上学习考核成绩的依据，平台会自动生成线上学习成绩。

通过线上学习平台，可完成教学的过程性随堂评价多维度、综合评价和每日评价预警，由此让结果更可信，反馈更及时，管理更简单。

（二）线下教学方面

通过线上学习学生提出问题，教师根据教材提出重点和难点问题，确立线下教学问题，围绕教学问题以教师为主导、学生为主体逐步展开线下教学。

通过线下学习平台的互动方式，展示小组问题解答情况，以小组讨论、合作学习、教师引导和点评等环节，提高学生分析和解决问题能力，发挥学生课堂的主体性作用，达到学史明理、学史增信的效果。

根据学生线下课堂的综合表现和实践教学等内容，给予相应的线下学习成绩。

（作者简介：陈松梅，四川警察学院马克思主义学院讲师，四川警察思想政治研究中心研究员。从事马克思主义理论教学多年，积极开展思政课教学改革创新，努力探索线上线下混合式教学规律，积累了丰富的教学经验，发表论文《公安院校〈中国近现代史纲要〉课专题教学探析》等，总结课程改革经验。）

第三节　社会主义道路的艰辛探索和曲折发展

一、所在教材章节

第八章第五节　社会主义道路的艰辛探索和曲折发展

二、教学理念

（一）教育性教学

高校思想政治理论课是对大学生进行思想政治理论教育的主渠道、主阵地，大学生的到课率、抬头率、参与率，成为提高思政课教学质量的重要指标。线上线下混合式教学模式有利于改变传统教学"我说你听"的单向度封闭模式，使思政课教学过程成为开放、平等的互动过程，使教学内容在教师与学生之间畅通。可以极大提高课堂教学及管理的效率，提升思想政治理论课的时代感、吸引力。本章通过线上线下相结合，讲授社会主义建设在探索中曲折发展，使学生可以了解社会主义制度确立以后，毛泽东明确提出了要"以苏为鉴"，开始了对中国自己的社会主义道路的初步探索，实现了马克思主义同中国实际的第二次结合；领导全国人民建设社会主义取得的巨大成就，坚定走中国特色社会主义道路的决心和信心。

（二）实效性教学

思想政治理论课与新媒体新技术相融合是提高思想政治理论课教学实效性的重要途径。通过学生线上自主学习和线下教师讲授社会主义建设在探索中曲折发展，学生能够认识新中国成立后由于党领导社会主义建设历史不长，缺乏经验，再加上对社会主义建设规律认识不深等多种原因，党在这一历史时期犯了"左"倾错误并了解社会主义制度基本确立后，中国共产党为寻找一条适合本国情况的建设社会主义道路所付出的艰辛努力及其取得的初步成果。准确把握党在社会主义建设初期的历史发展脉络，正确认识和科学评价中国共产党在社会主义建设探索中出现的错误，正确认识这些错误的实质，正确分析这些错误的原因，正确评价党的历史。

（三）发展性教学

从以学生为本的基本理念出发，基于"学"而设计"教"，课上课下、线上线下整合的混合式教学改革是不断提高思想政治理论课教学方法创新的基本趋势。通过线上线下相结合对本章理论知识的学习和讨论，提升学生用唯物史观分析问题的能力，自觉坚持实事求是的思想路线，分清历史发展的主流和支流，通过对社会主义建设在探索中取得的成就和出现的错误对比分析，坚持真理，吸取教训，培养大学生爱党爱国，自觉为实现中华民族伟大复兴而奋斗的使命感。

三、教学目标

（一）知识目标

1. 线上教学方面

学生通过教师线上发布学习公告，按照要求观看教学视频、教案、课件以及线上发布的案例资料和话题讨论，并在规定时间完成本章的测试和作业，学习中有疑问的地方可以在相应的课件中标出或者私信留言，通过线上学习使学生掌握基本的知识点和主要历史事件，解决

"是什么"的问题。

2. 线下教学方面

在线上学习基本达成掌握知识目标的基础上，针对测试中错误率高的知识点和学生的疑问，进行解答和知识点的串讲，并通过课堂提问、抢答以及小组讨论、辩论等环节进一步巩固理论知识，解决"为什么"的问题。

（二）能力目标

1. 线上教学方面

学生通过在线上观看主讲教师推出的教学资源、参与线上的话题讨论以及完成作业和考试等，检验学生利用知识点分析问题、解决问题能力以及历史逻辑思维能力和理论概括总结能力。

2. 线下教学方面

通过参与课堂上的小组讨论与辩论、话题互动和教师总结讲授，提升学生用马克思主义的历史观和方法论分析和解决问题的能力，帮助学生掌握科学的历史观和方法论，提高学生辨别历史是非的能力。

（三）价值观目标

1. 线上教学方面

学生通过在线上观看教学视频、教案、课件以及线上发布的案例资料和话题讨论，正确理解社会主义建设道路探索中出现的曲折，形成正确辨别是非和判断问题的能力，形成正确的价值观。

2. 线下教学方面

教师通过对学生的答疑和知识点的串讲、组织话题讨论，引导学生对社会主义建设道路上出现的曲折，能科学地判断问题，理解"中国共产党的伟大不在于不犯错误，而在于从不讳疾忌医，敢于直面问题，勇于自我革命,具有极强的自我修复能力",使学生在看待历史问题上有正确的价值观。

四、学情分析

(一) 线上教学分析

本校的思政课,早在 2018 年利用"A+课堂派"智慧课堂开展了教学,学生对线上教学模式比较熟练,学习主动性强,线上互动活跃,是全面开展混合式教学的基础。

本课程教学对象为本科一年级学生,"中国特色社会主义道路的曲折探索"章节中涉及的主要历史事件的背景、原因、经过、结果、意义或影响在中学历史的教学中基本都讲述了。学生对这段历史有一定的了解,故可以采取对基本知识点视频观看和话题讨论的方式,开展线上教学。

线上学习的知识,教师会提前一周上传发布本章节的录课、课件(里面插入互动试题)、话题和作业,并设置截止时间,在录课、课件(插入互动试题)、话题和作业中设置相应的分值,以公告的形式推送给学生,要求学生在规定时间内完成,线上自动记录学习情况,并生成对应分值,这些措施可提升学生学习的动力,养成自主学习的习惯。

线上设置学生的自由分组,教师设置小组讨论话题和互动问题,开展初步讨论,线下课堂老师可以结合云词条展示进行总结,对表现优秀的小组集体加星,激发学生学习兴趣,提升小组团结协作能力。

学生还可以通过对线上平台提供的案例资料、经典视频等的学习拓展历史知识。

(二) 线下教学分析

在线下课堂教学前,教师要查看学生线上学习数据和完成互动答题情况，全面掌握学生线上学习情况，分析总结个性和共性问题，为线下课堂教学做准备。

在线下课堂教学中，首先对线上学习的知识进行测试，测试内容主要是基本知识点，测试手段利用"A+课堂派"智慧课堂进行，根据线上测试分析大数据，对错误率高的学生提问，对错误率高的题，分析原因进行讲解；其次对章节内容进行简单串讲，串讲中针对难点和重点问题，利用智慧课堂发布抢答，结合点名提问和随机提问，答对加星，答错扣星，计入期末成绩；再次设置问题进行小组讨论，以抢答和随机点名小组代表发言形式，学生选出表现优秀小组，集体加星。（利用智慧课堂，学生手机界面进入"A+课堂派"，要求不允许退出，后台会显示在线人数。）

经过几年的实践探索，利用"A+课堂派"在课程开展思想政治理论课和新媒体新技术有效深度融合的混合式教学改革，学生学习的每一个"痕迹"都被计算机所记录，由此形成关于思想政治理论课教学的大数据，这些数据不仅包括学生姓名、性别、专业等反映客观情况的数据，还包括学习态度、价值观倾向、对教学内容的喜好程度等主观数据。大数据的特点是"一切皆可测""一切皆可连""一切皆可试"。通过对这些大数据的累积、挖掘与分析，我们能够找到更多的相关性，对大学生的学习状况、思想动态有更为准确的把握。

五、教学重点难点

（一）教学重点

1. 毛泽东明确提出要"以苏为鉴"，实现了马克思主义同中国实际的第二次结合。1956年社会主义改造基本完成后，中国的社会主义建设取得良好开局。在探索适合中国情况的社会主义建设道路上，取得一系列重要成果，如《论十大关系》、党的八大、《关于正确处理人民内部矛盾问题》。

2. 庐山会议前后毛泽东纠正"左"倾错误的努力及其成果。

3. "文化大革命"的性质、成因和评价。

4. 开展社会主义建设 20 年的成就。

5. 以毛泽东为代表的第一代领导集体对中国自己的社会主义建设道路的探索的理论成果。1957 年到 1976 年我国社会主义建设取得的成就和探索的成果。重点是要讲清这一时期我国建立了独立的比较完整的工业体系和国民经济体系，人民生活水平提高与文化教育、医疗、科技事业的发展，国际地位的提高与国际环境的改善，在探索中形成了建设社会主义的若干重要原则。

（二）教学难点

通过学习中国共产党提出的实现马克思主义与中国实际的"第二次结合"，学生正确理解探索中国自己的社会主义建设道路的必要性。

通过分析 1957 年以来党和国家所犯的错误，包括反右斗争扩大化、"大跃进"和"文化大革命"，这些都是中国共产党人在探索中国自己的社会主义道路时的失误。学生能正确理解"大跃进"和"文化大革命"的错误实质，绝不能把"文化大革命"错误归咎于社会主义根本制度。

通过历史和理论相结合，学生能正确理解这一时期在建设社会主义过程中形成的若干重大理论原则。例如：建设社会主义的基本原则，即必须实行马克思主义与中国实际"第二次结合"的基本原则；提出了社会主义社会的矛盾的学说；社会主义的发展阶段和社会主义现代化建设的战略目标和步骤；社会主义经济建设、政治建设、文化建设等方针、政策。

为了让学生更好地掌握知识、提升分析问题的能力和形成正确的价值判断，在线上教学方面，设置了一些问题：1956 年的中国国情是什么样的？开始全面建设社会主义后，为什么会提出马克思主义同中国实际的"第二次结合"？对社会主义建设道路的探索为什么会出现曲折与反复？"文化大革命"对中国经济造成了怎样的破坏？为什么这一时期中国生产力发展水平与世界的差距越来越大？

线下教学是线上教学的巩固、补充和提升，是课程教学高阶性、创新性和挑战度的体现。核心目标是让学生了解 1956 年社会主义制度基本建立后，中国为寻找一条适合本国情况的社会主义建设道路所付出的艰辛、努力、代价及取得的初步成果，认识到在中国建设社会主义是前无古人的伟大事业，没有先例可循，其艰巨性亦是史无前例的；科学地把握"文化大革命"等错误的性质及其出现的原因，提高学生用马克思主义的历史观和方法论分析问题的能力，形成正确的价值判断。

六、教学方法与手段

（一）线上教学方法与手段

"纲要"课在课程建设中的主要思路是以培养学生"自主、合作、探究"的学习能力和分析问题的能力为目标。课程内容在混合式教学设计上，将课程内容适宜部分细致剥离后以微视频、案例资源等方式展示，学生进行线上学习，通过观看教学视频，完成测验，开展讨论等教学任务；教师在线上引导、参与讨论、发布和批改作业、考试等，方便学生在线学习和开展翻转课堂教学，基本达成知识、能力、价值观

"三维一体"的教学目标。

（二）线下教学方法与手段

混合式教学的根本目标是通过学习理论的混合、学习方式的混合、学习资源的混合、学习环境的混合，实现传统课堂教学和网络化、信息化教学优势互补，最终实现最佳的学习体验和教学效果。它拓展了学习的时间和空间，提高了教师的教学效率，提升了学生的学习效率、学习深度和协助能力等。在《中国近现代史纲要》课开展混合式教学，主要在以下几个方面进行：

首先，依托"A+课堂派"信息化平台（http：//www.ketangpai.com）和移动端（微信公众号"课堂派"）实现课堂管理。一是在平台上创建纲要教研室混合式集体备课小组，通过完善视频案例、教学资料、课件、测试试题库、教学微视频等课程资源建设，实现教研室混合式资源共享。二是创建班级，强化管理。开课前创建班级，学生扫码进入班级。教师可在线对全班学生一键数字化或动态二维码或 GPS 定位自动考勤签到。课堂派适用于所有浏览器和智能手机配备，使教师和学生带着课堂行走，满足学生的碎片化、个性化及自主学习需求，帮助学生实现真正的"指尖上的学习"。

其次，混合式教学活动分三个阶段：课前线上预习、课堂教学、线上章节测试。一、课前线上预习。预习阶段主要采用在线学习，学生通过电脑端或手机端登录，进行在线移动学习。教师的主要活动是对学生的自主学习过程进行设计与监测。在课前，教师根据教学设计制作专题教学课件以及围绕重难点知识收集整理视频案例、设计制作教学微视频、问题讨论等课程资源，并上传至纲要课在线课堂派平台，对学生自主学习情况进行检查督促。学生的主要活动是利用课余时间观看教学资源，自主学习，预习主要知识点，对重点、难点知识提前熟悉，在讨论区和学习案例资料区发表观点，该观点发布方式为公开，其他同学可以开展讨论和点赞。学生个人有疑惑的问题可以私信老师，老师一对一开展答疑，为混合式课堂教学的开展做铺垫。二、课堂教学是混合式教学的中心环节，以问题为导向，结合翻转课堂教学模式，通过任务驱动、问题主导，教学围绕问题导向这一主线，实施"问题的设定——案例故事演示及问题分析讨论——总结"等几个主要的教学活动和环节。三、线上章节测试。每个专题结束后，根据知识点内容在线上做一次测试，期末开展一次综合测试，线上自动生成分数，分数和排名公开供学生自主查看。

最后，课后深化阶段。主要是学生根据自己的学习需要，在课后自学在线课程相应的资源进行巩固深化。由于学生的差异以及课前预习基础的不同，一部分学生在课堂上有些问题未能及时消化、解决，在课后利用在线课程资源的教学微视频、视频案例等进行巩固学习；一部分学生能较好、较快地理解吸收课堂教学中的重难点知识及相关问题，因此他们在课后可以自主学习在线课程资源中的拓展性资源，进一步深化对理论知识的理解。在课后，教师还可以通过在线课程平台与学生交流讨论，在讨论区对课堂教学、网络教学进行建议征集，收集学生 PBL 等相关作品，并把优秀学生作品上传到在线课程平台，以供全体学生学习交流。

七、教学过程

（一）线上教学过程

通过课程公告，提前通知学生什么时间以前完成本章节的线上学习任务。

依次安排学生在线上观看教学视频、学习教案和课件、完成章节测验、课内讨论和观看历史资料视频，并在讨论区提出和回答问题，参与综合讨论。

根据课程公告，准备翻转课堂要进行的讨论等教学任务。

（二）线下教学过程

1. 课程导入

进入课堂派给学生展示学生线上学习数据和完成互动答题情况，从线上要求学习的重点和难点解读导入教学。

2. 课堂检测

通过课堂派发布本章节测试题，检验学生线上学习情况。

3. 答疑解惑

结合学生线上自学提出的疑惑和课堂检测存在的问题，师生共同解决问题，培养学生发现和解决问题的能力。

4. 知识串讲

PPT 展示本章学习内容和要求，串讲本章节主要知识点，进一步提升学生的知识目标和能力目标。

5. 互动讨论

这部分是课堂的中心环节。首先，以互动答题形式，引导学生讨论：第一，1956 年的中国国情是什么样的？答题结束通过云词条的展示，总结分析；第二，通过发布话题了解学生对中国共产党提出实现马克思主义与中国实际的"第二次结合"的理解，引导学生正确理解探索中国自己的社会主义建设道路的必要性；第三，分组讨论第一个问题：如何正确评价"文化大革命"中的毛泽东和毛泽东思想？进行讨论、发言，每小组推举一名同学做重点发言。引导学生对中国共产党在探索社会主义建设道路上的严重挫折和深刻教训进行科学分析与总结，培养学生分析问题的能力；第四，分组讨论第二个问题：结合今天改革开放取得的成就，从"大跃进"和"文化大革命"中我们应该吸取和借鉴哪些教训？让学生理解"中国共产党的伟大不在于不犯错误，而在于从不讳疾忌医，敢于直面问题，勇于自我革命，具有极强的自我修复能力"，培养学生系统思维能力和逻辑思维能力，有目的引导学生形成系统思维习惯和分析问题的结构意识。

6. 教师对本节课进行教学小结

学生能够认识，在新中国成立后由于党领导社会主义建设历史不长，缺乏经验，再加上对社会主义建设规律认识不深等多种原因，党在这一历史时期犯了"左"倾错误。正确认识这些错误的实质，正确分析犯这些错误的原因，能够使学生正确地评价党的历史。通过第九章的学习，使学生深刻认识中国共产党人以巨大的理论勇气和实践勇气，开辟中国特色社会主义道路的决心，引导学生进入"中国特色社会主义的开创与接续发展"章节的学习。

7. 课后作业

要求学生阅读线上教学案例："于敏：惊天的事业，沉默的人生"，谈感想和体会，加深学生对建设成就、探索成果的认识和理解。

八、练习设计

（一）线上教学方面

在视频和课件学习中插入了问题，学生必须回答并正确回答才能继续观看视频，计入线上成绩。这些问题主要是该视频中涉及的基本知识，题型包括单选题、多选题和判断题。

每个章节都有测验，学生必须完成测验而且成绩在 70 分以上才能提交，计入线上成绩。测验内容主要是本章线上教学中涉及的基本知识，题型包括单选题、多选题和判断题。

每个学生必须参与线上发布的话题讨论，在话题的选择上，兼顾学生的兴趣和研究前沿，同时结合线上课程课后的师生问答的相关问题，让学生在自己的学习与探索中，进一步巩固对重点、难点、热点问题的理解。话题讨论计入线上成绩。学生也可自主发布讨论话题，同时与师生一起在综合讨论区参与本区问题的讨论。

学生必须按照教师要求完成课程作业，线上提交并开展互评，计入线上成绩。学生按照教师发布的作业，即阅读线上教学案例"于敏：惊天的事业，沉默的人生"，提交 1500 字左右的感想和体会，重复率要求低于 30%。先由学生互评，如果对成绩有异议，可提出申诉，再由任课教师评阅。

学生在完成线上80%的学习任务后，才能参加期末线上考试，计入线上成绩。线上期末考试，题型包括单选题、多选题、判断题、简答题和材料分析题。

（二）线下教学方面

知识掌握在线上学习阶段基本完成，翻转课堂给予巩固和应用。如在讨论分析的过程中师生一起给出知识点表述和认知，教师进行知识点的串讲。

在知识点串讲过程中，以"问题链"的形式发布小组讨论问题和个人互动答题，本节中涉及了许多此类问题，如：1956 年的中国国情是什么样的？开始全面建设社会主义后，为什么会提出马克思主义同中国实际的"第二次结合"？对社会主义建设道路的探索为什么会出现曲折与反复？"文化大革命"对中国经济造成了怎样的破坏？为什么这一时期中国生产力发展水平与世界的差距越来越大？从"大跃进"和"文化大革命"中我们应该吸取和借鉴哪些教训。通过小组讨论，合作学习，学生辩论，教师分析、引导和点评等，提高学生价值判断能力和分析问题能力，培育学生正确的价值观。

依据上述教学过程中学生的表现和在知识掌握、能力提升、价值观形成方面的综合表现，给予学生相应的课程成绩。

课程成绩主要由两大部分（过程性考核和结果性考核）四个模块组成。四个模块通过智慧课堂由线上和线下混合式教学组成。一是课堂教学权重占比10%（APP考勤子权重占比3%、课堂讨论和课堂线上互动子权重占比7%）。二是线上自主学习权重占比20%（每专题两个以上视频学习子权重占比5%、参与案例讨论三次以上并每次得到点赞五个以上子权重占比5%、每专题测试和综合测试子权重占比10%）。三是PBL作品权重占比20%（PBL项目实践过程性评价、参与、PPT汇报占比5%；PBL作品最终评价，实践报告上传"A+课堂派"查重超30%自动打回，根据查重比教师线上批阅结合占比15%）。四是期末统考权重占比50%。

（作者简介：裴育萍，长治医学院思政部副教授，学校优秀教师。主编思想政治理论教育教学著作5部，主持10多项省级教研和科研课题，获省级教改项目一等奖和三等奖。在课程建设中开展把教材体系转化为教学体系的"专题+故事"教学改革，推行"一化六制"教学模式创新，并积极探索线上线下混合式教学。）

第四节 改革开放与中国特色社会主义的开创和发展

一、所在教材章节

第九章 改革开放与中国特色社会主义的开创和发展

二、教学理念

习近平强调，推动思想政治理论课改革创新，要不断增强思政课的思想性、理论性和亲和力、针对性。按照这一要求，推进信息技术与传统优势相结合，坚持主导性和主体性相统一等重要论述为指导，树立科学先进的教育理念。

（一）教育性教学

以立德树人为根本，以理想信念教育为核心，通过讲授十一届三中全会的伟大历史转折、改革开放的巨大成就和中国特色社会主义事业的开创历程，培养学生对中国特色社会主义道路、理论、制度、文化的"四个自信"，增强爱国主义精神，树立为建设社会主义现代化强国而努力奋斗的远大理想。

（二）主体性教学

采用"翻转课堂"教学模式，最大限度发挥学生的主体性。由于改革开放这段历史是当代大学生的父辈亲历的历史，在教学设计中，将历史逻辑、理论逻辑和实践逻辑结合起来，以话题形式要求学生在课前对父辈及家乡亲戚朋友开展采访活动，提升感官认知。同时提供制作改革开放历程思维导图的参与性课前任务，供学生选择完成。回到线下课堂上，以小组形式开展课堂汇报，再与教师讲授的探索历程综合思考分析，使学生深切体会到中国共产党带领中国人民开展改革开放伟大实践的历史必然性和中国特色社会主义道路、理论、制度、文化的伟大开创性。

（三）高阶性教学

贯彻提升学生综合分析、评价历史事件、形成正确的价值观的高阶性教学要求。通过教学，学生熟悉改革开放和中国特色社会主义的开创这段历史史实，达到知识性目标；同时，通过本章学习，锻炼学生围绕一个话题开展材料收集、分析、评价的能力目标；最终，形成学生爱党、爱国的正确价值观，达到高阶性教学目标。

三、教学目标

（一）知识目标

1. 线上教学方面

学生通过观看提供的图片、视频、学习文稿，以完成小组任务（思维导图、采访纪要等）为目的开展自主学习和小组讨论，在课前掌握本章节基本知识结构、历史史实、基本理论。通过课前学习，学生了解新时期我国实行改革开放的历史背景、主要历程和取得的重大成就。

2. 线下教学方面

在线上学习基本达成知识掌握目标的基础上，通过小组讨论、小组汇报、小组互评、师生问答互动等环节进一步巩固和补充知识。使学生认识到党的十一届三中全会标志着党和国家历史上具有深远意义的伟大历史性转折，标志着中国进入改革开放与现代化建设的新时期。

（二）能力目标

1. 线上教学方面

学生在线上完成教师提供的小组任务（二选一）：一是阅读习近平《在庆祝改革开放 40 周年大会上的讲话》全文，观看《改革开放 40 周年》访谈纪录片，以小组合作形式制作中国改革开放 40 年历程思维导图，提升综合阅读、分析能力；二是对父母、爷爷、奶奶等长辈就"改革开放给你带来了什么？"进行访谈，整理访谈纪要，增强对长辈生命历程的理解和感恩之情，以及作为改革开放后新生代的自豪感。

2. 线下教学方面

学生以小组为单位展示课前小组合作完成的思维导图，并回答课前思考题，以及对不理解的内容提出问题等方式，增强课堂上师生互动的有效性，提升学生用唯物史观分析问题的能力。

（三）价值观目标

1. 线上教学方面

学生在线上观看《改革开放 40 周年》访谈纪录片教学视频、社会主义建设相关图片以及参与思维导图小组任务，使学生熟悉新时期马克思主义中国化的历史进程及其理论成果，对坚持和发展中国特色社会主义的历史进程有总体了解，认识到坚持走中国特色社会主义道路对于实现中华民族伟大复兴的意义。

2. 线下教学方面

开展翻转课堂教学，学生在完成课前任务的基础上，通过演讲、展示、评价、讨论等方式参与到课堂互动中来，老师对学生的汇报进行点评，引导学生提升用唯物辩证法分析问题的能力和价值判断能力。引导学生认识到只有在中国共产党的领导下，坚定不移走中国特色社会主义道路，才能实现中华民族的伟大复兴，增强 00 后新一代为实现中国梦而努力奋斗的信心和决心。

四、教学设计理念

"个人预习+小组学习+课堂研习"的"三习"学习组织形式，强化"课前超星平台学习+课堂讨论内化+课后巩固提升"的全方位学习过程，推动学生由被动学习向主动学习转变。

"案例（Case）+演示（Demonstrate）+归纳（Conclude）"的"CDC"课堂设计模式，聚焦小组讨论、实践、输出这三种主动学习方式，将课堂教学内容引向深入。

五、学情分析

（一）线上教学分析

本课程教学对象为本科一年级文理科混合班学生，学生的历史知识掌握水平参差不齐。文科学生历史知识掌握水平稍高，但表达欲望较低；理科学生历史知识掌握水平稍低，但思维较为活跃，表达欲望较强。通过合理分组，布置三个可选的小组任务，使学生可以根据小组强项选择任务并开展小组合作，文理科学生互相取长补短，提供思维碰撞的机会，有利于激发学生自主思考、小组合作的能力。

线上教学的任务主要是为了使学生在阅读课本，对基础知识有所了解的基础上，开展任务驱动式的自主学习。教师提供的线上文字、视频、图片等材料只是媒介，引起学生的思考，学生必须要结合课本内容才能较好完成小组任务，从而提高学生的综合理解、分析、概括能力，初步形成正确的价值判断。

依托"超星学习通",学生可以多次重复观看视频、图片等材料,并可以在线开展小组讨论,为有效的线下教学奠定了基础。

(二)线下教学分析

由于实行小组任务式学习,所以前期的小组分组和调动小组氛围非常重要。在前期课堂教学中,已经开展了破冰活动,为小组安排服务角色,设置互动任务,调动小组成员积极性的基础上,本章节的小组任务才能够达到较好的效果。

00后大学生们虽然对线上教学方式不陌生,但要使混合式教学方式真正取得实效,还需要适当引导,才能更好地适应混合式教学方式中大量的自学、小组讨论、小组汇报的形式,应把握好自学的难"度"和线上线下翻转比例的"度",循序渐进,避免学生出现畏难情绪。

翻转课堂的目的是发挥学生的学习主动性,但是教师的教学主导性仍然不能放松。若教师的教学主导性缺失或弱化,则易流于学生走过场式、表演式的汇报,难以使课堂内容进一步深化。故线下教学中教师的及时鼓励式点评和对于章节重难点的讲解总结应该贯穿整个课堂教学过程。教师的点评总结是课堂的"高潮""精华"部分,应认真准备,结合当前国家召开的重要会议精神、热点时事融入课堂讲授中,真正将课前任务、课中小组汇报等学习过程推向深入。

六、教学重点难点

(一)教学重点

中共十一届三中全会是新中国成立以来的伟大历史转折。一要了解中国为什么需要这一转折。这就需要讲清楚"文化大革命"所带来的严重后果,"两个凡是"所带来的严重思想束缚;二要了解这一转折是如何实现的。这就需要讲清楚"历史性的伟大转折"的过程,讲清楚从中共十一届三中全会召开之前的思想准备到三中全会后取得的重大理论成果。

改革开放和现代化建设的光辉历程。改革开放是从农村起步的,是自下而上地改革呼唤。十二届三中全会通过《关于经济体制改革的决定》,改革的重点从农村转向城市,经济体制改革全面展开,政治体制改革开启。以党的十四大召开和邓小平南方谈话为标志,改革开放取得历史性突破。

坚定不移地沿着中国特色社会主义道路前进。首先要正确认识毛泽东与中国特色社会主义的历史性关系。其次要正确认识党的第二代中央领导集体与中国特色社会主义的关系。最后要全面把握中国特色社会主义的实践特色、理论特色、民族特色、时代特色。

(二)教学难点

正确理解中共十一届三中全会是新中国成立以来的伟大历史转折。引导学生理解三中全会实现和引领了中国现代化史上一次深刻而伟大的思想解放运动,实现了历史的重大转折,为中国特色社会主义现代化道路的开辟创造了前提条件。三中全会准确把握了中国现代化的特殊发展规律,正确解决了中国现代化历史上长期未彻底解决的关键问题,从而找到了发展中国现代化唯一正确的出路。三中全会为中国特色社会主义现代化道路的形成确立了正确坐标,保证了中国现代化持续稳定地发展。

正确看待拨乱反正任务的胜利完成和中国特色社会主义的开创。经济领域开始恢复,经济调整工作全面展开。政治领域全面平反冤假错案,调整社会政治关系。党的十二大,提出建设中国特色社会主义的思想，制定了全面开创社会主义新局面的宏伟纲领和各项方针政策，翻开了社会主义现代化建设的历史新篇章。

坚定中国特色社会主义道路自信、理论自信、制度自信、文化自信。"四个自信"的树立必须建立在对党史、新中国史历史进程的学习、理解、认同上，要建立在全面系统梳理分析我们党曾经面临的重大选择、重大转折、重大挫折、重大斗争的基础上，才能真正深刻洞察党在处理这"四个重大"过程中展现的坚守执着、历史清醒、科学态度和胸襟视野。本章正是讲述新中国历史上重要的转折点，展现党在历史紧要关头是如何做出改革开放的重大选择，如何实现从"两个凡是"到坚持马克思主义唯物史观探索出中国特色社会主义道路的重大转折，如何从"十年文革"的重大挫折中走出来，如何对破坏社会主义建设的各种思潮、行为进行重大斗争。本章的学习必须站在"四个自信"的高度，引导学生理清历史脉络、认清历史真实、听清时代脉动，从灵魂深处厚植爱党爱国情怀，从而达成价值观教学目标。

七、教学方法与手段

（一）线上教学方法与手段

本课程线上学习平台为超星泛雅平台。线上提供教学视频供学生自学。教学形式为教师讲授，教学内容主要是梳理课本内容，突出重点，帮助学生更快找到本章重难点，并开展有针对性的线上自学。

线上发布课前任务，提前分组，要求学生在观看视频、通读教材、小组讨论的基础上，开展"专题思考""思维导图""专题访谈"等小组合作任务，调动学生参与的积极性，形成初步的小组学习成果。同时，教师在线上班级群开展答疑辅导。

（二）线下教学方法与手段

本章教学采用"翻转课堂"教学模式，使用超星学习通作为教学工具，开展智慧教学。在学生线上学习、完成课前任务的基础上，主要以小组汇报、教师点评、师生问答互动、交互讨论、生生互评等方式组织和开展教学，利用移动互联网+教学和智慧课堂的形式完成整个教学活动。小组汇报在课堂现场有序开展，小组任务成果提交、组间互评、生生互评在超星学习通上进行。

八、教学过程

（一）线上教学过程

发布课程公告，提前通知学生本章学习任务、学习方式、学习内容。

要求学生以小组为单位，观看教学视频，在学习教材的基础上，完成发布的课前任务。教师在超星学习通班级讨论区中提出问题：观看"贫穷的社会主义"和"发达的社会主义"两组图片对比并思考什么是社会主义？学生回答问题，参与综合讨论。

根据学生讨论情况，选取有代表性的学生观点，融入线下翻转课堂的课前导入部分，作为翻转课堂教学开展进一步讨论、深化的基础。

（二）线下教学过程

1. 播放教学幻灯片，展示本章学习目的、重点、难点，学习方法，可供学习的拓展资料等。

2. 打开网站，投屏，展示学生在线上学习的基本数据，学生讨论区的讨论情况以及学生对本章内容的掌握情况。

3. 教师就讨论区话题"贫穷的社会主义"和"发达的社会主义"

进行讲解。引入本章教学重点：中共十一届三中全会是新中国成立以来的伟大历史转折。对新中国成立以来我国社会主义发展遭遇的挫折进行梳理，介绍开展真理标准大讨论，冲破"两个凡是"严重束缚的过程，并深入剖析十一届三中全会在我国现代化发展进程中的重要地位。

4. 投屏提出第二个重点问题：改革开放的历史进程是怎样的？投屏展示线上小组任务的提交情况，并请选择了第一个任务（制作改革开放历程的思维导图）的小组上台进行介绍。同时其他小组成员对展示小组的成果在超星学习通的"小组任务"中进行评分。

5. 教师对学生展示情况进行点评，对学生的认真、积极态度进行鼓励，对思维导图制作不足之处提出建议。

6. 教师讲解第二个重点问题："改革开放和现代化建设的光辉历程。"展示邓小平南方谈话的视频和深圳的图片，引用习近平总书记在经济特区成立40周年庆祝大会上的讲话内容，联系时事，展示改革开放40年来的重要发展成果。

7. 投屏提出第三个重点问题：中国特色社会主义是如何开创和接续发展的？请选择了第二个任务（对父辈进行访谈）的小组上台进行介绍。同时其他小组成员对展示小组的成果在超星学习通的"小组任务"中进行评分。

8. 教师对学生的访谈情况进行点评，对学生的认真、积极态度进行鼓励，对访谈的全面、深入提出建议。

9. 教师讲解第三个重点问题："中国特色社会主义是如何开创和接续发展的？"联系学生的访谈情况，讲解坚持中国特色社会主义是中国走向富强、中国人民过上美好生活的重要保证。

10. 教师对本章重点难点内容进行小结。在学习党史、新中国史历史进程的基础上，培养学生的"四个自信"，培养学生系统思维能力和逻辑思维能力，有目的地引导学生形成系统思维习惯和分析问题的结构意识。引导学生进入中国特色社会主义进入新时代章节的学习。

九、练习设计

（一）线上教学方面

设置了章节测验，学生在课前小组任务学习时，必须完成测验，计入线上成绩。测验内容主要是本章线上教学中涉及的基本知识，题型包括单选题、多选题和判断题。

每个学生必须参与线上讨论区讨论，必须对本章话题进行回复，才能计入线上成绩。

学生必须进入小组，并与小组成员共同完成小组任务，线上提交并在课堂上进行互评。设置教师评价、组间互评、组内互评等多种评价方式。小组任务所得到的个人分计入线上成绩。

小组可以选择其中一个小组课前任务来完成，并推举小组代表上台展示。上台展示的同学，教师给予额外加分鼓励。

（二）线下教学方面

在线上学习基本完成知识性教学目标的基础上，线下开展翻转课堂，对本章知识点进行巩固和应用。课前任务之一制作思维导图，就是要求学生对知识点进一步梳理和输出。

通过小组汇报，对学生未能深入剖析的内容进行理论讲解和分析，提高学生的理论水平。本章的课件将提出学生比较感兴趣的话题。如：为什么说十一届三中全会是一场内生性的思想解放运动？有人说概括邓小平执政理念为"一块石头两只猫三条鱼四只鸡"，你如何理解？为什么经历了十一届三中全会的思想解放之后，还会出现"姓资姓社"的问题? 新冠疫情期间, 中国把一手烂牌打成了一手好牌, 和中国特色社会主义道路有什么关系?

通过开展紧扣本章重点难点内容的小组讨论、小组汇报、教师分析、引导和点评等环节, 提高学生用马克思主义唯物史观看待、分析问题的能力, 提升学生的价值判断能力, 培育正确的价值观。

学生线上成绩和线下课堂互动表现各占 50%, 结合学生的知识掌握、能力提升、价值观形成方面的综合表现, 给予学生相应的综合成绩。

（作者简介: 曾欢玲, 电子科技大学中山学院马克思主义学院讲师。主讲《中国近现代史纲要》等课程, 为国家精品在线开放课程《中国近现代史纲要》参与人, 积极开展线上线下混合式教学改革, 主持广东省高等教育教学改革项目"'翻转课堂'教学模式在《思想道德修养与法律基础》课中的应用", 曾获广东省教育厅高校思政课优秀教学案例二等奖。）

第二章

《思想道德与法治》教学案例

第一节　中国精神是兴国强国之魂，
做新时代的忠诚爱国者

一、所在教材章节

第三章第一节　中国精神是兴国强国之魂
　　第二节　做新时代的忠诚爱国者

二、教学理念

以习近平总书记关于思政课要改革创新，推进信息技术与传统优势相结合，教师主导和学生主体相统一等重要论述为指导，以问题链将线上教学与课堂教学有机连接，从教材体系转化为教学体系、知识体系转化为价值体系，树立正确科学先进的教学理念。

（一）教育性教学

以立德树人为根本，以理想信念教育为核心，社会主义核心价值观贯穿始终，培养学生正确的世界观、人生观、价值观、道德观、法制观。

（二）实效性教学

通过思想政治、道德和法律三大体系的讲授，实现科学世界、生活世界与知识体系、价值体系的连接，融思想性、政治性、科学性、理论性、实践性于一体，为学生提供精神指引和行为准则，在实践中成长，从而保证教学的实效性。

（三）发展性教学

整个教学过程秉承以学生为主体，以学生发展为核心，以提升学生获得感为目的，坚持学生主体地位，通过备、思、悟、验，变"要我学"为"我要学"，使学生课前主动找问题、课中积极提问题、课后及时反思问题，实现获取知识、提升能力、涵养价值观的全面发展。

三、教学目标

（一）线上学习目标（知识目标）

线上教学环节，学生通过观看录课视频、课件及互动话题、完成章节测验、观看资料视频等环节实现教材基本知识和基本理论的掌握。

1. 中国精神的科学内涵和现实意义；

2. 爱国主义的概念和基本内涵；

3. 新时代爱国主义对应国内外环境变化的四个基本要求；

4. 改革创新的基本内涵。

通过以上基本知识的掌握，学生对本章节知识有个整体框架以及在整个教学体系中地位的认识。

（二）课堂学习目标（能力目标）

线下教学环节，在线上教学掌握基本知识基础上，以"问题链"渐次推进（师生问答、小组讨论、组间辩论、合作学习等）对基本知识进行巩固、补充和深化。

1. 理解中国精神是如何形成的；

2. 理解中国精神和时代精神共同统一于中国精神之中；

3. 理解为什么需要爱国主义；

4. 理解并掌握爱国与爱党、爱社会主义的统一性；

5. 能够精准把握新时代爱国主义各要求之间的逻辑关系。

通过一连串的持续追问，引导学生主动思考，提高学生整体思维能力和辩证思维能力，并提高学生政治敏锐性和政治鉴别力。

（三）线上线下学习目标（素质目标）

通过线上基本知识的掌握和线下课堂教学能力的提升，变被动为主动，改变学生对思政公共课的偏见，培养学生对思想政治理论课的兴趣，真正使学生形成内心认同。

树立爱国、爱党、爱社会主义的坚定立场，将个人发展融入国家现代化发展、民族伟大复兴的新征程之中。

透过厚植家国情怀，学生将时代新人的责任感、使命感和自豪感融于实践过程，使思政课立德树人根本任务真正落地落实。

四、教学设计理念

1. "三位一体"导向观，即问题导向、目标导向和效果导向，关注教学实效性。

2. "学生中心"实施观，即以学生为中心组织建设，通过备、思、悟、验环节激发学生的内生性学习动力，实现从"要我学"到"我要学"。

3. "相辅相成"协调观，即线上教学与线下教学相辅相成、相得益彰，实现传统教学和网络教学的有机融合。

五、教学重点难点

（一）教学重点

中国精神的内容构成及其内在辩证关系。以爱国主义为核心的民族精神和以改革创新为核心的时代精神；民族精神和时代精神的内在关系。

爱国主义科学内涵的理解。爱国主义的情感之维，爱国主义的利益之维，爱国主义的规则之维，爱国主义的精神之维。

新时代爱国主义的四个基本要求。一是坚持爱国与爱党、爱社会主义相统一；二是维护祖国统一和民族团结；三是坚持立足民族又面向世界；四是尊重和传承中华民族历史和文化。

（二）教学难点

中国精神是如何形成的？

为什么需要爱国主义？

如何理解爱国与爱党、爱社会主义的有机统一？

为了让学生更好地掌握知识，提升整体思维和辩证思维能力，提高学生政治敏锐性和政治鉴别力，在线上教学环节，设置了一些问题和话题：为什么爱国是民族精神的核心？民族精神内涵的发展过程？民族精神与时代精神之间的关系？新时代爱国主义的内涵？大学生如何厚植爱国主义？

六、教学方法与手段

（一）线上教学方法与手段

本课程线上学习平台为课堂派网站。教学内容安排上，在坚持教材为纲基础上对教材内容进行整合重构，通过问题互动、试题测试等形式考查学生的学习情况和掌握情况。在教学方法上，采用"学生自学+教师释疑"方式进行。学生进行线上学习，通过观看教学视频，完成课件互动答题、作业、话题讨论和章节测验等教学任务，基本达成知识、能力、价值观"三位一体"的教学目标。教师通过在线上引导和参与讨论、发布和批改作业与考试等教学活动，参与整个线上教学过程。

（二）线下教学方法与手段

本课教学采用"翻转课堂"教学模式，使用课堂派作为教学工具，开展智慧教学。在学生线上学习的基础上，主要以学生签到、线上知识检测和教师答疑、教师串讲、设问追根问底（师生问答互动、交互讨论、合作学习、小组讨论、辩论、生问生答、生生讨论、生生互评）等方式组织和开展教学，利用移动互联网+教学和智慧课堂形式完成整个课堂教学。

七、教学过程

（一）线上教学过程

通过课程公告或微信等方式，提前通知学生什么时间以前完成本章节的线上学习任务。

依次安排学生在线上观看教学视频、学习教案和课件、完成章节测验、并在讨论区提出和回答问题，参与综合讨论。

根据课程公告或微信通知等方式，安排学生准备翻转课堂要进行的讨论等教学任务。

通过平台后台数据查看学生预习课件、观看录课以及完成互动题的情况，对于没有及时跟进的同学通过私信方式提醒。

（二）线下教学过程

本章节线下教学总体思路：线上知识点掌握 + 线下能力培养 = 线上线下不掉链子。从"什么是爱国主义——为何需要爱国主义——新时代爱国主义有哪些基本要求"——"新时代医学生该怎样践行爱国主义"四个方面以问题链形式渐次推进。

课前 10 分钟智慧课堂签到考勤。

对基本知识点的章节测试检测线上学习情况。

重点是通过四个议题的学生互动，教师分析、总结，让学生扎实掌握基本知识点，并深化补充，深化线上、教材教学内容。

议题一：什么是爱国主义？对接线上知识点爱国主义内涵。要深入理解什么是爱国主义，必须理解什么是国家。通过"抗疫最美家庭"教学案例导出爱国主义话题，同时使用教学图片：古体"国"字，引导学生读懂"国"字，全面理解"国家"的内涵，进一步把握爱国主义的内涵和实质。让学生弄明白爱国主义到底爱什么。那么为什么需要爱国主义？就是紧跟的第二个议题。

议题二：为何需要爱国主义？这是对"爱国主义"教学内容的补充深化。为了让学生更好地理解，首先引导学生回顾线上教学视频：

《论中国安全感》，让学生谈观看视频的感想，然后教师将对视频和学生发言进行总结，阐述个人与祖国的关系以及爱国的情感之维、爱国的利益之维、爱国的规则之维、爱国的精神之维四个维度深入分析我们为什么要爱国。那么具体到我们今天进入新时代又如何来践行爱国主义呢？这就引出第三个议题。

议题三：新时代爱国主义有哪些基本要求？对接线上知识点新时代的爱国主义。这是本章节的重点，首先对这部分内容进行串讲，然后在线上学习和串讲的基础上对"坚持爱国与爱党、爱社会主义相统一"和"尊重和传承中华民族历史和文化"进一步推进。在"尊重和传承中华民族历史和文化"推进中让学生结合本专业讲中国故事，从各专业知识中挖掘思政资源，增强教学针对性和学生获得感。在"坚持爱国与爱党、爱社会主义相统一"的推进中，由于这部分内容是重点难点，也是学生的关注点，需要重点阐述和分析：一是"我们爱的是什么样的国？（即爱社会主义的新中国）"；二是"所爱的这个国是谁领导的？"（中国共产党的领导是中国特色社会主义的最本质特征）。目的是讲清楚"马克思为什么'行'、中国特色社会主义为什么'好'、中国共产党为什么'能'"。并进一步指出那些认为爱国却不爱党、不爱社会主义错误认识和图谋的实质：割裂了爱国与爱党、爱社会主义的统一，根本目的在于否定党的领导，企图颠覆社会主义制度和国家政权。那么具体到大学生又该怎么做呢？这是第四个议题所讨论的问题。

议题四：新时代医学生该怎样践行爱国主义？对接线上知识点做忠诚的爱国者。通过对教学案例"中国肝脏外科之父吴孟超"感人事迹的简述和总结，启迪学生如何培养爱国之情、砥砺强国之志、实践报国之行。

最后进行课程小结：通过"什么是爱国主义、为何需要爱国主义、新时代爱国主义有哪些基本要求、新时代医学生该怎样践行爱国主义"四个议题将线上教学与课堂教学有机连接，使教材体系转化为教学体系、知识体系转化为价值体系。

八、练习设计

（一）线上教学方面

课件中设置互动问题，学生学习完课件后必须完成互动问题，计入线上成绩。问题主要是教材中的基本知识，题型包括单选题、多选题、判断题和简答题。

每章的章节测验，学生必须在限定时间、限定时长内完成，计入线上成绩。测验内容主要是教材中的基本知识，题型包括单选题、多选题、判断题和简答题。

社会实践报告，学生必须在限定时间内线上完成，计入实践教学成绩。学生按照社会实践教学主题要求，写出 2000 字左右的调查报告，重复率低于 30%。

每章的话题讨论，每个学生必须参与线上课内讨论，提问和参与综合讨论，问题数量和质量计入线上成绩。

（二）线下教学方面

通过课堂派发布测试题，回顾和检测线上知识点。

对教学重点、难点通过教学相长、追根问底进一步提出问题继续追问。本章节中相关问题，如：怎样理解国家？为何需要爱国主义？如何做新时代的爱国者？如何理解爱国与爱党、爱社会主义的高度统一？

课后延伸反思，这要紧扣时代命题，结合专业特点，并为第四章"坚定社会主义核心价值观"的教学提供铺垫。如：习近平总书记精辟概括并深入阐释了"生命至上、举国同心、舍生忘死、尊重科学、命运与共"的伟大抗疫精神，新时代医学生如何弘扬伟大抗疫精神？

依据上述教学过程中学生的表现和在知识掌握、能力提升、价值观形成方面的综合表现，给予学生相应的线下成绩。

（作者简介：李慧，长治医学院马克思主义学院副教授。长期从事思想政治理论教育教学与研究，主持省部级课题 6 项，其中思政专项 1 项、集体备课 1 项，出版思政教育教学改革著作 2 部，发表思政教育教学论文 2 篇。）

第二节　明确价值要求，践行价值准则

一、所在教材章节

第四章　明确价值要求，践行价值准则

二、教学理念

以立德树人为目标，坚持传统教学与信息技术相结合，着力于课程教学改革，坚持理论为基、内容为王、问题导向、形式创新的教学理念。从学生特点和人才培养方案出发，在教学中坚持"内化于心、外化于行"，引导学生理论与实践紧密结合。

（一）教育性教学

社会主义核心价值观是当代中国精神的集中体现，是以习近平同志

为核心的党中央从新时代坚持和发展中国特色社会主义、实现中华民族伟大复兴的中国梦出发，提出的重大战略思想，凝结着全体人民共同的价值追求。党的十九大报告指出，培育和践行社会主义核心价值观，要以培养担当民族复兴大任的时代新人为着眼点。本章教学要以立德树人为根本，以理想信念教育为核心，通过讲授社会主义核心价值观在国家、社会、公民三个层面的内容，让学生明确核心价值观自信是中国特色社会主义道路自信、理论自信、制度自信和文化自信的价值内核，深刻领会社会主义核心价值观的历史底蕴、现实基础和道义力量，培养学生社会主义核心价值观自信，自觉践行社会主义核心价值观。

（二）实效性教学

从社会主义核心价值观在新民主主义革命时期、社会主义建设时期、改革开放新时期的历史发展逻辑，介绍不同时期社会主义核心价值观的内容及发展脉络，把社会主义核心价值观和社会主义核心价值体系联系起来，使学生能够确定正确的价值取向，从大学时期开始，切实做到勤学、修德、明辨、笃实，自觉培育和践行社会主义核心价值观，成为社会主义核心价值观的坚定信仰者、积极传播者、模范践行者，把实现人生价值与为实现中华民族伟大复兴的中国梦紧密结合，做到知行合一，从而保证教学的实效性。

（三）发展性教学

贯彻以人为本的原则，以学生为主体，以学生发展为核心，通过本章教学，学生在掌握基本理论知识的基础上，教师引导学生提高价值观自信、价值引领人生的能力，并通过案例分析，培养社会主义核心价值观自信，坚定"四个自信"，做到在情感上认同、在心理上敬畏，才能在实践中更加笃定地践行。

三、教学目标

（一）知识目标

1. 线上教学方面

学生通过观看教学设计、教学视频、资料视频，学习教案和课件、话题以及章节测验等环节实现掌握基本知识和基本理论的目的。

2. 线下教学方面

在线上学习基本达成知识掌握目标的基础上，通过课堂练习、师生问答、学生抢答、弹幕交流、教师知识点串讲、话题讨论等环节进一步巩固和补充知识。

（二）能力目标

1. 线上教学方面

学生通过在线上观看录课视频、资料视频，参加课程平台上教师主导的话题讨论和课件互动，完成课件中的问题等提升分析问题、解决问题的能力。

2. 线下教学方面

学生通过参与课堂练习、老师提问、学生抢答、课件问题互动、弹幕交流、话题讨论等，教师发现学生测试中出现的问题和观点，有针对性地教学讲解和纠正等，提升学生分析问题、解决问题的能力。

（三）价值观目标

1. 线上教学方面

学生在线上观看主讲教师的教学视频、资料视频以及参与课件问题、线上话题讨论，在提升分析问题能力的同时，能够提高是非辨别和价值判断能力，形成正确的价值观。

2. 线下教学方面

学生在课堂上，通过完成课堂练习、课件互动的问题、参与话题讨论、弹幕交流、开展讨论等环节，在提升分析问题能力的同时，能够提高是非辨别和价值判断能力，形成正确的价值观。

四、教学设计理念

结合学生特点和人才培养目标，教学从单纯注重理论知识的传授转向重视对学生认知、情感和能力的培养，实现思想政治教育的知行统一，学以致用。具体如下：

1. 突出导向观，即问题导向、目标导向和效果导向，以提高实效性为价值取向。

2. 突出能力与素质结合，从培养学生的实践能力出发，通过理论学习，提高学生的马克思主义理论知识素养，培养学生自主学习和理论联系实际的能力，即知识、能力、素质的有机融合，培养学生解决复杂问题的综合能力。

3. 突出以"学生中心"主体观，即以学生为中心设计教学，线上与线下教学相辅相成、有机统一，使学生在线上线下都具有主体地位，发挥"主演"作用，激发学生的学习动力。

五、学情分析

（一）线上教学分析

本课程教学对象为本科一年级学生，通过中学教育，学生对社会主义核心价值观的内容等有一定的了解和掌握，但对社会主义核心价值观的历史发展、现实意义及如何践行社会主义核心价值观还需要进一步学习，故可以采取总结章节重点难点通过平台发布公告的方式让学生掌握，学生线上学习知识点录课视频、资料视频、教案、课件、话题等，开展线上教学。

为了保证每位同学都能达成教学目标，可以在预习教材、线上学习教案和课件以及视频的同时，反复观看教学视频，并通过完成课件内插入的问题、话题等掌握知识，教师通过课堂派的大数据记录学生学习过程，作为最终课程考核成绩的一部分，这样无疑对学生起到了增强学习动力的作用，促进学生自觉自主学习。

线上教学基本上可以解决学生对重点难点知识的掌握问题，并在观看知识点录课教学视频、资料视频的基础上，参与课件问题、话题等，提升分析问题的能力，形成正确的价值判断。

（二）线下教学分析

现在的本科一年级学生，尽管大部分人适应了传统的教学模式，但信息互联网时代，学生能够很快适应线上线下混合式教学，加之进入大学后的新鲜感和接受新事物的情结，因此可以逐步开展线下"翻转课堂"教学模式改革探索。

为了保证每位同学都能积极参与翻转课堂，要求学生首先要完成相关章节的线上学习。在章节线下教学的一周前通过课堂派平台发布公告，提示学生线上学习的内容，线下教学前三天通过平台再次发布公告，督促学生完成线上学习，布置线下参与的内容、"翻转课堂"教学内容，通过充分准备，包括做笔记等方式，能够比较顺利地参与"翻转课堂"教学之中。

教师在线下课堂教学中，首先要对学生线上平台自主学习的结果进行章节测试，通过测试发现学生线上学习的问题给学生进行讲解答疑，澄清基本的概念或理论知识；其次要进行学习内容的简要集中串讲，同时对课件中的问题进行解决；再次通过抢答、话题讨论、弹幕交流的方式，启发课堂讨论，教师总结；最后教师对章节进行小结。

在教师的鼓励、鞭策、激励和引导下，基本上学生能够接受而且喜欢线下"翻转课堂"教学。

六、教学重点难点

（一）教学重点

社会主义核心价值观的基本内容以及社会主义核心价值观的重大意义。重点应突出 24 字社会主义核心价值观的内涵，帮助学生分国家、社会、个人三个层面掌握社会主义核心价值观的核心要义，让学生明确培育和践行社会主义核心价值观是当代中国进步的精神指引，意义重大。

坚定价值观自信。主要讲述坚定核心价值观自信的重要依据，即社会主义核心价值观丰厚的历史底蕴、坚实的现实基础和强大的道义力量。

做社会主义核心价值观践行者。党的十九大报告指出，培育和践行社会主义核心价值观，要以培养担当民族复兴大任的时代新人为着眼点。主要阐明青年大学生应该如何培育和践行社会主义核心价值观。

（二）教学难点

通过理论逻辑、历史逻辑和现实逻辑的统一，分析培育和践行社会主义核心价值观的重大意义。我国是一个有着 14 亿多人口、56 个民族的大国，确立反映全国各族人民共同认同的价值观，使全体人民同心同德、团结奋进，关乎国家前途命运，关乎人民幸福安康。培育和践行社会主义核心价值观，是应对经济全球化时代挑战的选择，是经济发展方式实质性转变的客观要求，是实现中华民族伟大复兴中国梦的历史使命。

通过分析社会主义核心价值观丰厚的历史底蕴、坚实的现实基础和强大的道义力量，学生明确坚定社会主义核心价值观自信的原因。中华优秀传统文化是涵养社会主义核心价值观的重要源泉，中国特色社会主义伟大实践彰显价值观自信，大学生应自觉以社会主义核心价值观引领多样化的社会思潮，不断增强社会凝聚力和价值共识。

通过分析核心价值观自信是中国特色社会主义道路自信、理论自信、制度自信和文化自信的价值内核，引导学生做社会主义核心价值观的积极践行者。大学生应当是社会主义核心价值观的坚定信仰者、积极传播者、模范践行者，要切实做到勤学、修德、明辨、笃实，使社会主义核心价值观成为一言一行的基本遵循。

七、教学方法与手段

（一）线上教学方法与手段

本课程线上学习平台为课堂派（www.ketangpai.com）。教学内容方面进行了重构，把教材内容体系转换为教学内容体系，在教学方法上，采用章节测试、老师串讲知识点、课件互动、话题讨论、弹幕交流的方式。学生进行线上学习，通过观看教学视频，完成教案、课件的学习，开展话题讨论等教学任务，基本达成知识、能力、价值观"三位一体"的教学目标。教师在线上及时观测学生学习情况，通过平台大数据对线上学习任务给予记录给分。

（二）线下教学方法与手段

本课教学采用"翻转课堂"教学模式，使用课堂派作为教学工具，开展智慧教学。在学生线上学习的基础上，主要以师生课件互动、话题讨论、弹幕交流、抢答等方式组织和开展教学，利用移动互联网+教学和智慧课堂的形式完成整个教学活动。基于课堂派的智慧教学工具功能，学生签到、抢答、教师提问、话题讨论、弹幕交流等都有大数据记录，作为平时成绩计入课程总成绩。

八、教学过程

（一）线上教学过程

通过课堂派平台发布公告，提前一周通知学生什么时间以前完成本章节的线上学习任务。

安排学生在线上观看知识点教学视频、资料视频、学习教案和课件，回答课件里的问题、参与话题讨论并在话题中发布观点。

线下课程开课前三天发布课程公告，通知学生准备翻转课堂要进行的章节测试、话题讨论、课件里的问题等教学任务。

（二）线下教学过程

1. 打开课程网站，展示第四章线上学习内容，对学生在线上学习进度和理论知识掌握情况进行评价总结。

2. 串讲已经学习的内容，说明第四章翻转课堂的教学重点和课程公告通知的主要任务，导入"翻转课堂"教学。

3. 利用课堂派教学工具，首先通过测试题，发现学生线上学习中存在的问题，答疑解惑。

4. 通过线上发布话题讨论的案例，针对学生的观点进行案例讨论、分析。线上一共发布了两个话题，第一个话题：张玉环案。要求学生线上完成。教师在讲解社会主义核心价值观的内容时概括总结学生的观点，让学生在弹幕发表观点讨论，通过这个案例展示社会主义核心价值观的公正、法治，引导学生正确评价案例。第二个话题：长治医学院附属和济医院王婷医生采访视频。在课堂讨论。在抗击新冠疫情中，学生听过很多医务人员的感人故事，这段视频的采访对象是和济医院王婷医生的父亲——王卫国。2003 年，王卫国作为长治医学院附属和平医院的医生前往太原支援抗击非典，他的母亲坐着轮椅为他送行。17 年后，王卫国送自己的女儿王婷驰援武汉。从这个事例中，同学们除了被他们一家的故事深深感动，还想到了什么？是什么让一家两代人前赴后继迎难而上，不畏艰险？在这次疫情中，有 4.2 万名医务人员驰援湖北，有 3 万余名来自全国各地参与火神山、雷神山的建设者们，还有 584 万参与疫情防控实名注册的志愿者们，是什么让他们团结一致、万众一心抗击疫情呢？我想最好的回答是：中国精神。通过讲述案例及学生亲身参与新冠疫情抗疫的经历，让学生更深刻地理解社会主义核心价值观中的爱国、敬业、奉献等伟大的抗疫精神，让理论与实践结合，让学生成为社会主义核心价值观的坚定信仰者、积极传播者、模范践行者。

5. 教师对本章教学小结，分析社会主义核心价值观的内容、意义和对我们的现实启发，引导学生明确正确的价值取向，自觉培育和践行社会主义核心价值观，从一开始就扣好人生的扣子，切实做到勤学、修德、明辨、笃实，成为社会主义核心价值观的坚定信仰者、积极传播者、模范践行者，引导学生进入"明大德、守公德、严私德"章节的学习。

九、练习设计

（一）线上教学方面

每个学生必须按照老师发布的公告要求完成章节知识点微课视频、

案例视频的学习，平台大数据统计的学习时长计入线上成绩。

老师在课件中插入了问题，学生选择回答，计入线上成绩。这些问题主要是章节中的基本知识，题型包括单选题、多选题和判断题。

每个学生必须参与线上话题讨论，计入线上成绩。学生需要在话题讨论区回答老师提出的问题，为线下课堂讨论做准备。

（二）线下教学方面

章节有测试，教师在课堂上发布给学生，学生在限定时间内参与完成，计入线下成绩。测试内容主要是学生围绕本章线上学习中涉及的基本知识，题型包括单选题、多选题和判断题。测试结束后，教师针对测试中发现的问题答疑解惑。

通过线下话题讨论，教师结合学生发表的观点，对案例进行理论分析，提高学生分析问题、解决问题能力。通过讲述话题中的事例结合理论分析，学生更深地理解社会主义核心价值观，理论与实践融合。学生参与讨论的成绩计入线下成绩。

学生必须按照教师要求完成课程作业，在限定时间线上提交，计入总成绩。

学生在完成线上80%的学习任务后，才能参加期末线上考试。线上期末考试，题型包括单选题、多选题、判断题、案例分析题和材料分析题。

线上线下教学结束，老师要进行课后反思和总结，为以后的教学提供经验，促进能力的进一步提升。

依据上述教学过程中学生的表现和在知识掌握、能力提升、价值观形成方面的综合表现，给予学生相应的线下成绩。

（作者简介：郭福娥，长治医学院思想政治理论教学研究部副教授。长期从事思想政治理论课的教学和研究工作，主持省级课题十多项，参与省级教改重点课题"医科院校思想政治理论课教学与特色资源库建设研究"和"高校思想政治理论课实践教学保障机制研究"，分别获省级教改项目一等奖和三等奖。）

第三节　自觉尊法学法守法用法

一、所在教材章节

第六章第四节　自觉尊法学法守法用法

二、教学理念

以习近平总书记关于高校思想政治工作"要因事而化、因时而进、因势而新。要遵循思想政治工作规律，遵循教书育人规律，遵循学生成长规律，不断提高工作能力和水平"的重要论述为指导，坚持主导性和主体性相统一，改进和优化教育方法，通过移动互联信息技术与传统课程教学优势相结合，引导学生把智能终端设备运用到思想政治理论课的学习中，使其成为教师教学的"帮手"和学生学习的"助手"，增强课程的时代感、亲和力、吸引力和实效性。

（一）教育性教学

以立德树人为根本，以理想信念教育为核心，以社会主义核心价值体系为主线，通过讲授人生观、价值观、道德观和法制观等主要内容，教育、引导学生加强道德修养与法律修养，帮助学生树立正确世界观、人生观、价值观、道德观、法制观，全面提高思想道德素质与法律素质。

（二）实效性教学

把科学世界和生活实践联系起来，把理论逻辑和实践逻辑结合起来。通过本课的教学，学生能正确认识法律在国家政治生活、社会事务和个人生活中的重要作用，在初步学习法律基本知识的基础上，增强法律意识，摒弃人治观念，树立法治观念，从而保证思政课的价值引导和教学实效性。

（三）发展性教学

贯彻以人为本原则，以学生为主体，以学生发展为核心。通过本课的教学，学生在已有的知识基础上，提高运用法治思维观察分析问题的能力；并通过法律案例教学，增强法律意识，树立法治观念，逐步形成法律思维，实现知识、能力、价值观的全面发展。

三、教学目标

（一）知识目标

1. 线上教学方面

学生通过观看教学视频、学习教案和课件、完成章节测验、观看法律案例视频等环节实现掌握基本知识和基本理论的目的。

2. 线下教学方面

在线上学习基本达成法律知识掌握目标的基础上，通过法律案例分析、小组讨论、组间辩论等环节进一步巩固和补充知识。

（二）能力目标

1. 线上教学方面

学生通过在线上观看教学视频，参加课程平台上师生讨论，以及完成作业和考试等提升分析问题的能力。

2. 线下教学方面

学生通过参与翻转课堂的法律案例分析小组讨论，回答与讨论学生在线上提出的问题和教师在翻转课堂上提出的问题，以及在翻转课堂上学生提出自己疑惑不解的问题与师生解答等，提升学生用法治思维分析国家政治生活、社会事务和个人生活中的法律事务的能力。

（三）价值观目标

1. 线上教学方面

学生在线上观看主讲教师的教学视频、讨论答疑以及参与线上习题测试练习，在学习掌握基本理论知识和提升分析问题能力的同时，提高合法与非法的辨别和价值判断能力，形成正确的价值观、法制观。

2. 线下教学方面

在翻转课堂上，通过参与案例分析、小组讨论、回答和提出问题等环节，学生在涉及个体的行为方式、权利诉求和利益关系等与法律的价值、规则或要求发生冲突时，能够服从法律，做出符合法律的选择，按照法律的指引实施自己的行为。

四、教学设计理念

1. "学生中心"实施观，即以学生为中心组织建设，激发学生的内生性学习动力。

2. "多法组合"教学观，即线上与线下教学中组合使用任务驱动法、理论讲授法、案例教学法、情景模拟法、小组讨论法，使学生主动参与课程学习，提高实效。

3. "三位一体"导向观，即问题导向、目标导向和效果导向。

五、学情分析

（一）线上教学分析

本课程教学对象为本科一年级学生，通过小学、初中《道德与法治》和高中《政治与法治》教育，学生对法律知识等有一定的了解和掌握，故可以采取对重点难点问题以交互讨论的方式分析讨论法律案例，开展线上教学。

为了保证每位同学都能达成教学目标，可以在预习教材、在线上学习教案和课件以及观看法律案例资料视频的同时，反复观看教学视频，并通过完成章节测验等掌握知识，并提升分析法律事务的能力。

线上教学基本上可以解决学生的知识掌握问题，并在观看教师交互讨论的教学视频的基础上，提升分析法律事务的能力，初步了解法治思维与政治思维、经济思维、道德思维之间的区别，掌握基本的理论认知，形成合法与非法的价值判断。

（二）线下教学分析

现在的本科一年级学生大部分是 00 后，是信息互联网时代的"原住民"，对在线学习有一定的了解或尝试过，能够很快适应线上线下混合式教学，加之进入大学后的新鲜感和接受新事物的情结，因此可以逐步开展线下"翻转课堂"教学模式改革探索。

为了保证每位同学都能积极参与翻转课堂，要求学生课前要完成相关章节的线上学习，在课程通知中提示"翻转课堂"教学内容的前提下，通过充分准备，包括做笔记等方式，提前结成小组，开展初步讨论，开展"互助合作"等形式能够比较顺利地参与到"翻转课堂"教学之中。

根据近年本课程教学使用"课前线上自主学习+课堂理论教学+智慧教学工具+课后习题测试"的经验，在教师的鼓励、鞭策、激励和引导下，绝大部分学生比较认可本教学模式。

六、教学重点难点

（一）教学重点

掌握法治思维的含义。法治思维内涵丰富，外延宽广，是将法律作为判断是非和处理事务的标准。社会主义法治国家建设的进程能否顺利推进，在一定程度上要看社会主义治律思维能否深入人心。法治思维是指以法治价值和法治精神为导向，运用法律原则、法律规则、法律方法思考和处理问题的思维模式。

弄清法治思维与政治思维、经济思维、道德思维之间的区别。通过理论讲授阐释和案例分析，归纳出法治思维与政治思维、经济思维、道德思维的区别，进而比较"法治思维与人治思维"的具体区别，学生在理论上整体理解和掌握"法治思维的含义"。

掌握法治思维的基本内容。法治思维主要表现为价值取向和规则意识两个方面，价值取向是指个人如何看待和对待法律，规则意识是指个人如何用法律看待和对待自己。一般来讲，法治思维包括法律至上、权力制约、公平正义、人权保障、正当程序等内容。

（二）教学难点

通过理论阐释，学生理解培养法治思维对社会主义法治国家建设的重要意义。

通过理论讲授和法律案例讨论的结合，学生理解尊重和维护法律权威的重要意义。掌握尊重和维护法律权威的要求，逐步培养通过各种机会和途径学习法律知识、掌握法律方法、参与法律实践、养成依法办事习惯等，在学习和生活中逐渐提高法治思维能力，养成科学的法治思维方式。

为了让学生更好地掌握知识，提升分析问题的能力和形成正确的价值判断，在线上教学方面，设置了一些问题：第一，"在专制政府中，国王便是法律。同样地，在自由国家中，法律便应该成为国王。——你对托马斯·潘恩说的这句话怎么理解？"第二，如何看待"合肥火车站乘客阻拦高铁发车"的行为？第三，为什么要法律救济作为解决社会纠纷的最终方式？

线下教学是线上教学的巩固、补充和提升，是课程教学高阶性、创新性和挑战度的体现。核心目标是在学生掌握知识的基础上，提高学生用法治思维分析问题的能力，形成判断是非和处理事务的标准。

七、教学方法与手段

（一）线上教学方法与手段

本课程线上学习平台为大学 MOOC 课程网站（www.icourse163.org），教学内容方面进行了重构，把教材内容体系转换为教学内容体系。在教学方法上，通过课前推送教学相关资源，布置观看教学视频任务，课堂教学中通过理论讲授+案例分析，课后完成习题练习测试任务等教学环节，基本达成知识、能力、价值观"三维一体"的教学目标。教师在线上引导和参与讨论、发布和批改作业与考试等。

（二）线下教学方法与手段

本课教学采用"翻转课堂"教学模式，使用"云班课"作为辅助教学工具，开展智慧教学。在学生线上自主学习的基础上，主要以师生问答互动、小组讨论、生问生答、生生讨论、生生互评等的方式组织和开展教学，利用移动互联网+教学和智慧课堂的形式完成整个教学活动。学生签到、抢答、教师网上提问、生生讨论、生生互评基于"云班课"智慧教学工具开展。

八、教学过程

（一）线上教学过程

通过课程公告，提前通知学生什么时间以前完成本章节的线上学习任务。

依次安排学生在线上观看教学视频、学习教案和课件、完成章节测验、观看法律案例资料视频，并在讨论区提出和回答问题，参与综合讨论。

根据课程公告，准备翻转课堂要进行的讨论等教学任务。

（二）线下教学过程

1. 打开课程网站，展示本节线上学习内容，了解学生学习进度和知识掌握情况等。

2. 简要回顾已经学习的内容，说明本节的教学重点和课程公告通知的主要任务，导入翻转课堂教学。

3. 利用"云班课"教学工具，了解同学们对法治思维的掌握情况，通过法律案例，引导学生弄明白法治思维与政治思维、经济思维、道德思维的区别。

4. 让学生讨论个人出行中持票乘客给其他人换座、让座行为的道德、法律意义，引导学生区别运用法治思维、政治思维、经济思维、道德思维解决国家事务、社会纠纷的路径差异和不同后果，逐步培养法治思维。

5. 分组讨论第一个问题，即"在专制政府中，国王便是法律。同样地，在自由国家中，法律便应该成为国王。——你对托马斯·潘恩说的这句话怎么理解？"每小组推举一名同学做重点发言。

6. 通过投屏，了解学生对"合肥火车站乘客阻拦高铁发车的行为"的态度，之后开展讨论，并由学生回答，教师简单引导。

7. 教师对小组讨论问题进行理论分析，提出如何实现理论逻辑和生活逻辑的统一，培养学生法治思维能力，有目的引导学生形成法治思维习惯和分析问题的法律意识。

8. 教师对本节课教学小结，分析为什么要将法律救济作为解决社会纠纷的最终方式，通过分析对比法治思维与政治思维、经济思维、道德思维的区别，引导学生树立法治思维，学会尊重法律权威。

九、练习设计

（一）线上教学方面

每位学生必须课前完整观看章节的教学视频，线上课程平台记录观看时长和次数，计入线上成绩。

教师在每个章节设置习题测验，学生必须在限定的时段完成测验，计入线上成绩。测验内容主要是本节线上教学中涉及的基本知识，题型包括单选题、多选题和判断题。

学生须在规定的时段内自主完成线上观看教学视频和习题测验等多

种学习任务后，才能参加期末线上考试，计入线上成绩。本课程线上期末考试，题型包括单选题、多选题、判断题和材料分析题。

（二）线下教学方面

基本知识掌握课前在线上自主学习阶段基本完成，课中通过实施翻转课堂给予检查和回应，组织课堂讨论、头脑风暴等教学活动予以巩固和应用。

课堂教学中，教师通过呈现案例、组织小组讨论、分析点评等活动，激励学生参与课堂教学，引导学生把所学理论与法律案件结合起来分析思考，使学生提高运用法治思维分析问题的能力，逐步形成判断是非和处理事务的法律标准。

教师依据教学过程中学生的参与活跃度和在知识掌握、能力提升、价值观形成方面的综合表现，给予学生相应的线下成绩。

（作者简介：刘建军，天水师范学院马克思主义学院副教授。甘肃省一流本科课程《思想道德修养与法律基础》负责人，主讲《中国特色社会主义制度的制度图谱》上线"学习强国"甘肃学习平台，获甘肃省高校思想政治理论课"精彩一课"奖、甘肃省"如何上好思政课'N+1'"优秀教师二等奖、天水师范学院教学成果一等奖、全国高校"形势与政策"课教育教学优秀论文奖。）

第三章

《毛泽东思想和中国特色社会主义理论体系概论》教学案例

第一节　邓小平理论

一、所在教材章节

第五章　邓小平理论

二、教学理念

本章教学将体现信息技术与课程教学深度融合的改革方向，采取"听说读写行考"线上线下混合式教学模式，用邓小平理论武装和引领新时代大学生，为建设社会主义现代化国家和中华民族的伟大复兴培养新时代青年。

（一）教育性教学

通过本章的学习，学生深刻认识邓小平理论形成的时代背景和社会历史条件；深刻认识中国特色社会主义道路开创的历史必然性及其理论创新的意义；掌握邓小平理论的主要内容和历史地位，从而坚定中国特色社会主义，为实现中华民族伟大复兴的中国梦而努力奋斗。

（二）实效性教学

通过本章学习，学生深刻理解任何理论的创立都不是偶然的，都有着时代的背景和社会历史的条件，有着理论和历史的渊源，有着时代的要求与实践基础；同时任何理论的创立都与主要创立者的主观努力分不开，从而帮助学生把学习邓小平理论同提高自身的政治素质结合起来，把学习其科学的世界观和方法论与探索国家富强、民族振兴、人民幸福之路结合起来，从而提高教学的实效性。

（三）发展性教学

通过以学生为主体，以学生发展为核心的线上线下混合式教学，使学生理解和掌握邓小平理论的基本内容，懂得中国共产党不断发展壮大的基本经验就是坚持马克思主义基本原理同中国具体实践相结合，坚定不移地走自己的路，不断在实践中推进马克思主义中国化的伟大创新，不断提高运用马克思主义分析和解决实际问题的能力，增强中国特色社会主义的道路自信、理论自信、制度自信和文化自信，为建设中国特色社会主义，实现中华民族伟大复兴贡献自己的青春和力量。

三、教学目标

（一）知识目标

通过观看《毛泽东思想和中国特色社会主义理论体系概论》（周尚万主持的广东省线上一流课程）第五章的教学内容，在线完成章节测验；在线观看《小平您好》新闻纪录片，了解邓小平理论形成的社会历史条件，理解和掌握邓小平理论主要内容和历史地位。深刻认识社会主义本质，明确我党的所有理论创新，尤其是改革开放以来的理论创新成果都是围绕坚持和发展中国特色社会主义这个主题来展开的，邓小平理论开启了我国从站起来到富起来的新时期，它将对我国改革开放和社会主义现代化建设具有长远的指导意义。

线下教学方面，在线上学习基本掌握知识目标的基础上，通过线上讨论与线下专题教学相结合，学生对邓小平理论的科学体系及其历史逻辑、实践逻辑和理论逻辑有一个深入认识。对什么是社会主义、怎样建设社会主义的理论创新有深入理解，明确改革开放是中国第二次革命，是党和人民大踏步赶上时代的重要法宝，是推动中国社会主义现代化建设的动力。

（二）能力目标

1. 线上教学方面

学生通过参加学银在线课程平台在线观看《毛泽东思想和中国特色社会主义理论体系概论》第五章的教学视频，在参加课程在线讨论，完成线上作业和测试的基础上，提升运用邓小平理论分析和解决问题的能力。

2. 线下教学方面

学生通过参与翻转课堂的小组讨论，完成"改革开放给我家乡带来的变化"的作业，回答其他同学提出的疑问和教师在翻转课堂中提出的问题等，提升学生运用唯物史观和邓小平理论分析问题的能力。

（三）价值观目标

1. 线上教学方面

通过学习基本知识和基本理论，学生树立"解放思想、坚持实事求是"的思想路线，以邓小平理论为指导，坚持马克思主义与中国实际相结合，不断推进中国特色社会主义。

2. 线下教学方面

通过讨论、辩论、相关作品展示等树立只有坚持和发展中国特色社会主义才能发展中国和实现中华民族的伟大复兴的观点，坚定走中国特色社会主义共同理想的自觉和自信。

四、教学设计理念

（一）"三位一体"导向观，即问题导向、目标导向和效果导向

本章设计 6 学时完成，其中线上 2 学时，线下 4 学时。以中国特色社会主义是如何开创的问题引入，讲清邓小平理论形成的时代背景的社会历史条件是什么？从邓小平理论的灵魂和精髓——解放思想、实事求是的重新确立出发，围绕"什么是社会主义、怎样建设社会主义"的基本问题展开，阐述以邓小平为核心的第二代中央领导集体，如何用马克思主义的宽广眼界观察世界，科学认识我国社会主义处于社会主义初级阶段的基本国情，作出把党和国家工作中心转移到经济建设上来、实行改革开放的历史性决策，揭示社会主义本质和根本任务，制定社会主义初级阶段基本路线，明确提出走自己的路、建设中国特色社会主义，制定三步走发展战略、使党和人民大踏步赶上了时代，成功开创中国特色社会主义。当前，我们必须坚持邓小平理论的指导，既不走封闭僵化的老路，也不走改旗易帜的邪路，全面深化改革和实行更加开放的战略，加快中国特色社会主义现代化强国和中华民族伟大复兴的进程。通过分析为什么，达到学生掌握相关理论、实现教学目标的预期。

（二）"多维融合"课堂观

"多维融合"是指将课堂教学的高度、难度、深度、广度、强度、

精度、温度等有机统一。本章课堂教学中以邓小平理论的灵魂和精髓——解放思想、实事求是为哲学基础与历史起点和逻辑起点，从世界观与方法论、历史维度、理论价值和实践意义揭示邓小平理论的形成、主要内容和历史地位，阐明邓小平理论是对马克思主义、毛泽东思想的继承和发展。通过读原著、学原文，提高分析和解决实际问题的思想能力和研究能力，把学习邓小平理论的丰富内容同学习邓小平的伟大精神品格结合起来，从理论和实践的结合上，努力提高学生的思想政治素质和道德水平，为国家培养担当大任的新时代大学生。

（三）"学为中心" 实施观

根据学生普遍拥有智能手机的实际情况，本章教学方法采取移动互联网+教学的方法。一是根据教材内容设计线上慕课教学，学生不受时空限制可随时随地学。通过手机进行远程遥控投屏，实施课堂互动和文件共享，引导学生进行探究式与个性化学习，形成过程性学习数据。通过多维数据分析来重组"教学"，从而突破"在线开放课程等于讲课视频"的狭隘理解，满足"移动互联网"下个性化学习需要，也为客观公正地确定学生线上学习成绩提供客观依据。二是线下通过启发式、探索式方法引导学生研读邓小平文选中的部分经典，通过读原著、学原文、悟原理，达到厚基础、明方向、懂方法。三是组织学生实地参观深圳邓小平铜像和深圳博物馆，使学生从感性上理解和体验社会主义本质提出的背景及其意义，领悟改革开放是决定当代中国命运的关键抉择，是我们党历史上一次伟大觉醒，从而激发学生的内生性学习动力。

（四）"相辅相成" 协调观

本章我们还设计了"听说读写行考"线上线下混合式教学考核模式。听就是线上看教学视频，线下听老师讲座。线上教学采用周尚万教授在学银在线教学平台主持建设的《毛泽东思想和中国特色社会主义理论体系概论》（www.xueyinonline.com/detail/216682682）；说就是参与线上线下讨论；读就是读经典原著和党的创新理论文献；写就是写读书心得和体会与国情调研报告；行就是践行社会主义核心价值观的义工服务；考就是参加线上测试和线下综合考核。这样就使线上教学与线下教学相辅相成、相得益彰。

五、学情分析

（一）线上教学分析

本课程教学具有普适性，一般对象是本科二年级学生。学生在中学和大学一年级已学过"中国近现代史纲要"和"马克思主义基本原理"课，学生对中国化马克思主义的理论知识有一定的了解和掌握，故线上教学以教材内容为根据拍摄教学视频，由教师对邓小平理论的基本内容及其重点难点问题进行讲解。

为了保证每位同学都能达成教学目标，要求学生预习教材、在线上学习教案和课件以及在线观看课程相应的资料视频，并通过本章节在线测验后才开展线下翻转教学。

线上教学基本解决学生对邓小平理论形成的时代背景及其历史条件、主要内容和历史地位等知识，并通过交互讨论，提升运用邓小平理论分析问题的能力，初步形成只有中国特色社会主义才能发展中国的价值判断。

（二）线下教学分析

现在的本科二年级学生，大部分通过 2020 年新冠疫情期间的在线学习，基本适应了线上教学。但由于中小学长期以来实行的是传统教学模式，如何将传统教学模式与线上教学有机结合起来，形成线上线下混合式教学，开展"翻转课堂"教学是本章教学探索的模式。

为了保证每位同学都能积极参与翻转课堂，在线上课程公告中要求学生首先在线上完成课程第五章的在线学习与测验，做好本章内容笔记和存疑记录，以便能够比较顺利地参与到"翻转课堂"教学之中。

结合具体上课班级学生的实际情况，依据课程通知的学习安排，将学生提前分成几个学习小组，以学习小组为单位开展线上学习讨论，初步形成"邓小平理论"章节的知识结构图或思维导图，通过同学间的"互助合作"等形式，积极参加"翻转课堂"教学。

六、教学重点难点

（一）教学重点

1. 邓小平理论形成的社会历史条件

邓小平理论是在和平与发展成为时代主题的历史条件下，在总结我国社会主义胜利和挫折的历史经验并借鉴其他社会主义国家兴衰成败历史经验的基础上，在我国改革开放和现代化建设的实践中，逐步形成和发展起来的。这里包含了邓小平理论形成的时代背景、历史根据、现实依据等。

2. 邓小平理论的精髓

解放思想，实事求是，是我们党的思想路线，也是邓小平理论的灵魂和精髓。要做到实事求是，必须解放思想。正是这一思想路线的重新恢复和确立，推动了我党对"什么是社会主义、怎样建设社会主义"这一邓小平理论的基本问题认识的创新，有力地推动和保证了社会主义全面改革的进行。解放思想、实事求是思想路线贯穿在邓小平理论的各个方面，是邓小平理论的哲学基础，为开创中国特色社会主义道路奠定了科学的世界观和方法论基础，为邓小平理论的形成与发展提供了强大动力。

3. 邓小平理论的基本问题

"什么是社会主义、怎样建设社会主义"是邓小平在领导改革开放和现代化建设这一新的革命过程中，不断提出和反复思考的首要的基本的理论问题。邓小平在总结我国经验教训时说，我们的经验教训有许多条，最重要的一条就是搞清楚什么是社会主义，如何建设社会主义。我们在改革开放前所出现的曲折和失误，归根到底在于对这个问题没有完全搞清楚；改革开放以来在前进中遇到了一些犹疑和困惑，归根到底也在于对这个问题没有完全搞清楚。什么是社会主义？怎样建设社会主义？贯彻于发展中国特色社会主义的全过程，是一个基本问题。

4. 邓小平理论的主要内容

邓小平理论是马克思主义中国化的重大理论成果之一。它是马克思主义基本原理同中国实际与时代特征相结合的产物，是毛泽东思想在新的历史时期的继承与发展，是马克思主义在中国发展的新阶段。它以解放思想、实事求是为其世界观与方法论，围绕着"什么是社会主义、怎样建设社会主义"这个基本的理论问题，第一次比较系统地初步回答了建设中国特色社会主义的一系列基本问题，包括社会主义初级阶段理论、党的基本路线、社会主义根本任务的理论、"三步走"战略、改革开放理论、社会主义市场经济理论、"两手抓，两手都要硬"、"一国两制"、中国的问题关键在于党等，从而构建了一个比较完备的开放的科学理论体系。

5. 社会主义市场经济理论

改革开放开始后的一个很长时期内，我国经济体制改革的核心问题是如何正确认识和处理计划与市场的关系。邓小平对此进行了深入的探索，并在南方谈话中明确提出："计划经济不等于社会主义，资本主义也有计划；市场经济不等于资本主义，社会主义也有市场。"邓小平的这一系列重要论断，从根本上解除了把计划经济和市场经济看作属于社会基本制度范畴的思想束缚。党的十四大根据邓小平谈话的精神，确定了建立社会主义市场经济体制的改革目标。

6. 邓小平理论的历史地位

邓小平理论是马克思列宁主义基本原理与当代中国实际和时代特征相结合的产物，是马克思列宁主义、毛泽东思想的继承和发展，是全党全国人民集体智慧的结晶。邓小平理论开创了中国特色社会主义，实现了科学社会主义的中心内容由政治革命向全面建设的根本转换，确立了中国特色社会主义这一我党改革开放以来全部理论和实践一以贯之的主题，初步系统地回答了经济落后国家在社会主义制度建立后如何建设、巩固和发展社会主义的历史问题，实现了社会主义观的重大创新和根本转换，成为党的指导思想。

（二）教学难点

1. 邓小平理论对中国特色社会主义的开创或邓小平理论是如何开创中国特色社会主义的。

邓小平理论作为中国特色社会主义理论开篇之作，是以邓小平为代表的中央领导集体团结带领全国人民，坚持解放思想、实事求是，在新的实践基础上继承前人又突破陈规逐渐创立的。邓小平理论紧紧抓住"什么是社会主义、怎样建设社会主义"这个基本问题，在深刻总结我国社会主义建设正反两方面经验，借鉴世界社会主义历史经验，作出把党和国家工作中心转移到经济建设上来、实行改革开放的历史性决策，响亮提出"走自己的道路，建设有中国特色的社会主义"的伟大号召，并科学回答了建设中国特色社会主义的一系列基本问题，成功开创了中国特色社会主义。正如习近平 2013 年 1 月 5 日指出的那样，"坚持和发展中国特色社会主义是一篇大文章，邓小平同志为它确定了基本思路和基本原则"。

2. 正确认识我国处于社会主义初级阶段的基本国情

我国处在社会主义初级阶段，是邓小平和我们党对当代中国基本国情的科学判断。我们党对我国社会主义制度建立后的基本国情的认识有很长一段时间不是很清楚的。十三大前夕，邓小平指出："我们党的十三大要阐述中国社会主义是处在一个什么阶段，就是处在初级阶段，是初级阶段的社会主义。社会主义本身是共产主义的初级阶段，而我们中国又处在社会主义的初级阶段，就是不发达的阶段。一切都要从这个实际出发，根据这个实际来制订规划。"党的十三大系统地论述了社会主义初级阶段理论。明确指出，社会主义初级阶段，就是指我国在生产力落后、商品经济不发达条件下建设社会主义必然要经历的特定阶段，即从我国进入社会主义到基本实现社会主义现代化的整个历史阶段。

3. 准确把握邓小平关于社会主义本质的科学论断

搞清楚"什么是社会主义、怎样建设社会主义"，关键是要在坚持社会主义基本制度的基础上进一步认清社会主义的本质。邓小平根据马克思主义的基本原理和社会主义的实践经验，对这个问题进行了不懈的探索，并在 1992 年南方谈话中作出了科学的总结性理论概括，这就是："社会主义的本质，是解放生产力，发展生产力，消灭剥削，消除两极分化，最终达到共同富裕"。这一科学概括内涵，既包括了社会主义社会的生产力问题，又包括了以社会主义生产关系为基础的社会关系问题，是一个有机的整体。

4. 改革开放对中国和世界的影响

改革开放是我党十一届三中全会以来在准确把握时代主题和人民愿望的基础上，在深刻总结世界经济发展的历史潮流和中国发展历史的基础上作出的战略抉择，是对内改革和对外开放的一系列方针政策的总称，是我国当代最鲜明的时代特色，是发展中国特色社会主义和实现中华民族伟大复兴的必经之路。改革开放理论是邓小平理论最有特色、最具个性、最为重要的组成部分，它开启一场伟大的革命，推动了党和人民大踏步赶上时代，成为决定当代中国命运的关键一招，也是世界社会主义改革运动的重要组成部分和世界社会主义改革浪潮的一个突出亮点，它以巨大的成就和在改革开放实践中创造的中国特色社会主义给中国和世界带来广泛而深远的影响。

从对中国影响来看，改革开放推动了中国特色社会主义伟大事业的繁荣发展，开启了中华民族"富起来"的新征程。从对世界的影响来看，中国改革开放促成了中国经济的增长并成为推动世界经济增长的主要引擎。邓小平理论推进了科学社会主义发展进程，使科学社会主义在21世纪的中国焕发出强大生机活力，在世界上高高举起了中国特色社会主义伟大旗帜。从人类文明进程看，拓展了发展中国家走向现代化的途径，给世界上那些既希望加快发展又希望保持自身独立性的国家和民族提供了全新选择，为解决人类问题贡献了中国智慧和中国方案。

七、教学方法与手段

（一）线上教学方法与手段

线上学习平台为学银在线（www. xueyinonline. com/detail/216682682）。线上教学以教育部统编教材为依据进行了教学内容重构。采用教师主讲与"听说读写行学"相结合的教学方法。学生通过在线观看教学视频，完成测验、开展讨论等线上学习任务，基本达成知识、能力、价值观"三位一体"的教学目标。教师同步在线引导和参与讨论，发布和批改作业与考试等。

（二）线下教学方法与手段

本课教学采用"翻转课堂"教学模式，使用超星学习通作为教学工具，开展智慧教学。在学生线上学习的基础上，主要以师生问答互动、交互讨论、合作学习、小组讨论、辩论、生问生答、生生讨论、生生互评等方式组织和开展教学，利用移动互联网+教学和智慧课堂的形式完成整个教学活动。

八、教学过程

（一）线上教学过程

通过课程网站发布课程通知，提前告知学生什么时间以前完成本章节的在线学习，包括观看教学视频、学习教案和课件、章节测验，并在讨论区提出和回答问题，参与综合讨论等在线学习任务。

安排学生准备翻转课堂要进行的讨论等教学任务。

（二）线下教学过程

实体课堂中通过打开课程网站，在投影屏幕上展示学生对第五章线上学习内容的进度和知识掌握情况等，简要概括已经学习的内容，说明本章要进行翻转教学的重点和已经在"课程通知"提示的主要任务，导入"翻转课堂"教学。

利用超星学习通教学工具，在了解同学们对第五章的掌握情况下，以"邓小平理论是怎样开启中国特色社会主义"为主题引导学生思考与讨论。

通过初步讨论，引导学生对邓小平理论产生的时代背景和社会主义历史条件以及方法论进行思考，弄清中国特色社会主义，承载着几代中国共产党人的理想和探索，是党和人民历经千辛万苦、付出巨大代价取得的根本成就。寄托着无数仁人志士的夙愿和期盼，凝聚着亿万人民的奋斗和牺牲，是近代以来中国社会发展的必然选择，是发展中国、稳定中国必由之路，是实现中华民族伟大复兴和把我国建设成为富强、民主、文明、和谐、美丽的现代化强国的必由之路。这是贯穿中国特色社会主义形成与发展始终的主题。邓小平理论用新的思想理论观点，继承和发展了马克思列宁主义、毛泽东思想，开拓了马克思主义新境界，把对社会主义的认识提高到新的科学水平，成功开创了中国特色社会主义。

通过前述教学，引导学生得出中国特色社会主义开创的价值指向。一是方法论价值。任何一种理论都是历史和时代的产物，也是建立在对时代主题的准确把握和历史经验与实践经验总结提升之上。任何一种理论的产生必须立足于时代之基，回答时代之问。社会实践和社会需要决定了一种理论的地位和价值，是其产生的根源，也是检验其真理性的标准和推动其发展的动力。二是中国特色社会主义开创的理论和实践价值。中国特色社会主义开创是近现代以来中国人民在中国共产党领导下，在探索中国革命、建设和改革规律中得出的一条符合中国国情的正确道路，只有发展中国特色社会主义，才能发展中国，它开创了中华民族复兴的光明前景。

教师对本章进行教学小结，布置线下读写行考方面的作业。布置学生读《邓小平文选》第二卷，第 126~128 页："高举毛泽东思想的伟大旗帜，坚持实事求是的原则"、第 311~314 页："社会主义首先要发展生产力"和《邓小平文选》第三卷第113~114页:"改革是中国的第二次革命"、第148~150页:"社会主义和市场经济不存在根本矛盾"和第370~383页:《在武昌、深圳、珠海、上海等地的谈话要点》。通过读原文、写心得、悟原理,达到厚基础、懂方法、明方向。布置学生利用空闲时间践行改革开放精神和社会主义核心价值观的义工服务等。

九、练习设计

(一)线上教学方面

通过观看本章教学视频和课件并完成本章测验,形成线上学习成绩。

线上测验内容主要是本章线上教学中涉及的基本知识,题型包括单选题、多选题和判断题。

每个学生必须参与线上讨论,问题数量和质量计入线上成绩。

学生必须按照教师要求完成课程作业,线上提交并开展互评,计入线上成绩。学生按照课程教学要求,写出4000字左右的论文或调查报告,重复率低于30%。

学生完成线上学习任务达80%后,才能参加期末线上综合考试,题型包括单选题、多选题、判断题、问答题和材料分析题。

(二)线下教学方面

线下通过翻转课堂进一步巩固基础知识。根据线上学生学习情况及数据,重组线下教学,通过翻转课堂,巩固基础知识并给出本章逻辑结构图。

通过合作学习、小组讨论、相互提问和回答问题,在讨论分析的过程中提升学生分析问题的能力。

通过小组讨论、合作学习、学生辩论、教师分析、引导和点评等环节，提高学生正确认识改革开放前后两个历史时期，明确中国特色社会主义建设实践探索的历史延续性，明确改革开放前的实践为改革开放提供了制度前提、物质基础和重要的思想探索成果和借鉴，批判历史虚无主义，增强走中国特色社会主义的坚定信心。

依据上述教学过程中学生表现和在知识掌握、能力提升、价值观形成方面的综合表现，结合学生综合考试给予学生相应的线下成绩。综合考试分线上综合考试和线下综合考试两种形式。对在线开放的学生采取线上综合考试，对采取线上线下结合教学的学生，则采取线下综合考试。

（作者简介：周尚万，华南农业大学马克思主义学院教授，学校教学名师。主要从事中国化马克思主义理论教学与研究，主持的《毛泽东思想和中国特色社会主义理论体系概论》课程被认定为广东省线上一流课程，积极开展线上线下混合式教学，深受学生欢迎。成果获广东省委组织部、宣传部等"新形势下基层思想政治工作理论与实践"优秀成果二等奖等。）

第二节　坚持和发展中国特色社会主义的总任务

一、所在教材章节

第九章　坚持和发展中国特色社会主义的总任务

二、教学理念

根据习近平关于思政课建设与改革重要讲话精神，本章在教学准备与实施过程中始终秉持"坚持主导性和主体性相统一""坚持灌输性和启发性相统一"等教学理念。

（一）以教师为主导

思政课教学离不开教师的主导，办好思政课关键在教师，关键在发挥教师的积极性、主动性和创造性。思政课教师要以坚定的理想信念、扎实的业务和解放的思想为前提，充分发挥在课堂中的组织、管理、协调以及统筹的作用，当好"播种机"和"宣传机"，给学生心灵埋下真善美的种子，引导学生扣好人生第一粒扣子。

（二）以学生为中心

根据新时代特征，遵循青年学生成长成才规律，坚持用真挚的感情流露感染学生，用透彻的学理分析回应学生，用彻底的思想理论说服学生，用强大的真理力量引导学生，用严谨的教学态度教育学生。努力做到以学生为中心，努力让思政课真正"入耳、入脑、入心"。

（三）以问题为核心

让学生接受马克思主义，离不开必要的灌输，但这并不等于搞填鸭式的"硬灌输"，坚持灌输性与启发性相统一。启发教学最好的实施方式便是设置问题链，一环扣一环，让问题成为课程内容的核心，提高师生互动的有效性，帮助学生在问题中形成知识的体系性、逻辑性与完整性，进而实现教育学生与引导学生。

三、教学目标

（一）理论知识目标

第一，了解坚持和发展中国特色社会主义的总任务的主要内容。

第二，掌握中华民族伟大复兴的中国梦提出的背景、科学内涵以及实现路径。

第三，把握开启全面建设社会主义现代化国家新征程的基本内容。

第四，理解两步走全面建成社会主义现代化强国的具体安排。

（二）能力培养目标

第一，通过"中华民族近代以来最伟大的梦想是什么？""如何实现中国梦？""新时代坚持和发展中国特色社会主义的战略安排是什么？"等问题的设计，用启发的方式引导学生思考："为什么实现中华民族伟大复兴是近代以来中华民族最伟大的梦想？""中国梦与人民梦之间的关系。"等。提升学生认识、思考和分析问题的能力。

第二，通过讲解"中国梦的提出"以及"中国梦的丰富内涵"，帮助学生更好理解"中国梦归根到底是人民的梦"，进而帮助学生把握习近平总书记的人民观，以及在 2021 年 2 月 20 日习近平在党史学习教育动员大会上所提出的"江山就是人民，人民就是江山"。

（三）价值取向目标

第一，增强对实现中华民族伟大复兴的中国梦的信心和对坚持和发展中国特色社会主义道路的决心。

第二，树立为实现中国梦而奋斗的理想，使学生能够自觉将"小我"融进"大我"，将自己的梦想融入中国梦，对国家和民族有强烈的责任与担当意识。

四、教学设计原则

（一）线上与线下相结合

开拓线上教学新阵地，整合线上线下资源，借助各种信息化教学手段，打好线上与线下结合的组合拳，让思政课逐步从"平面"走向"立体"，从一维走向多维，帮助学生加深对思政课的理解以及加大对思政课的参与度。

（二）理论与实践相结合

坚持理论性和实践性相统一：一方面用有高度、广度和热度的理论帮助青年学生树立对马克思主义的信仰，对社会主义和共产主义的信念；一方面把握时代脉搏，紧贴现实生活，结合青年特点推动实践教学往深里走、往实里走、往心里走。

（三）传统与现代相结合

随着信息化不断发展，知识获取方式和传播方式、教和学关系都发生了革命性变化。移动互联时代，思政课教学面临着新挑战，也迎来了新机遇，但仍需要思考将传统课堂与现代信息技术密切结合的路径和方式。

五、学情分析

（一）线上教学分析

本课程教学对象为本科二年级学生，在大学一年级他们已经学习了《中国近现代史》《思想道德修养与法律基础》《形式政策》《马克思主义中国化进程与青年学生使命担当》等思政课程，在这些课程中学生对中国梦、坚持和发展中国特色社会主义的战略安排有了一定的了解，为此在微课内容的选择与安排上，可提升难度和理论的高度。

本章内容知识性较强，历史脉络、历史逻辑、历史内容的学习是本章的重点和关键。为了丰富线上教学资源，线上教学部分除了使用教师自录的微课外，还可使用一些现有视频的节选。如纪录片《百年中国》《走在大路上》以及"习近平在十二届全国人大一次会议闭幕会上的讲话"等。

（二）线下教学分析

线下教学部分，教师不再完全是课堂的主角、授课方式也不再是传统的填鸭，学生需充分发挥其主动性，发言、讨论、展示、总结。相较于专业课的翻转课堂和 PBL 教学实施过程和效果而言，思政课教学中要稍逊一筹，学生课堂的表现不是很积极主动，这时首先要调动学生的学习积极性和课程的参与度。最主要是教师要做好线下教学工作的合理安排和有效激励机制。

在经过线上的前期预习和学习后，线下教学部分不再以知识点和理论的讲解为主，而是通过问题链的设置帮助学生梳理理论与理论之间的关联、梳理历史与现实之间的关联、梳理中国与世界之间的关联、梳理中国梦与人民梦之间的关联。

六、教学重点与难点

（一）教学重点

第一，实现中华民族伟大复兴是近代以来中华民族最伟大的梦想。中国梦的本质是国家富强、民族振兴、人民幸福。

第二，实现中国梦，必须走中国道路、弘扬中国精神、凝聚中国力量，必须进行伟大斗争、建设伟大工程、推进伟大事业。

（二）教学难点

第一，从全面建成小康社会到基本实现现代化，再到全面建成社会主义现代化强国，是新时代中国特色社会主义发展的战略安排。

第二，坚持和发展中国特色社会主义的总任务，是实现社会主义现代化和中华民族伟大复兴，在全面建成小康社会的基础上，分两步走，在 21 世纪中叶建成富强民主文明和谐美丽的社会主义现代化强国。

第三，如何使学生将中国梦内化于心的基础上外化于行。

七、教学方法与手段

（一）线上教学方法与手段

本课程线上学习平台为学银在线。教学内容采取的是专题式设计，每个专题以问题式呈现，本章的三个专题分别是中华民族近代以来最伟大的梦想是什么？如何实现中国梦？新时代坚持和发展中国特色社会主义的战略安排是什么？线上主要采用的教学方法是教师在课前组织学生观看事先录制好的微课（每个专题约 10 分钟）、平台讨论、完成测验等。

（二）线下教学方法与手段

在学生线上预习和对一些问题进行资料查阅以及思考的基础上，线下教学主要采取讲授法、讨论法、案例教学法、视频观摩法等。具体而言即通过讲授的方式来回答学生在线上学习后还有的疑问，通过讨论法讨论并分析老师在线下课程教授中提出的一些问题，通过案例教学法和视频观摩法帮助学生更好理解和掌握本章的重点与难点。

八、教学过程

（一）线上教学过程

第一，教师上传微课视频，发布本章的学习通知和学习任务，包括视频、PPT、文本资料、视频资料等，在讨论区设置讨论题目，让学生在规定时间内按要求完成。

第二，布置小组作业，主要以社会调查和资料调查为主，由小组成员合作完成。

第三，在线上教学过程中，学生可在讨论区或微信群提出学习中产生的疑问。

第四，教师在线上教学过程中要做好学生学习的监管工作，对学习进度明显落后的学生要给予督促；同时教师要及时搜集学生的困惑，发现共性问题，并将其确定为线下教学讲授的重点内容。

（二）线下教学过程

第一，梳理线上教学内容，让学生在复习的同时，对本章内容有进一步的了解与认识。

第二，针对学生线上教学中产生的问题进行细致梳理和讲解，一方面解答学生的困惑；另一方面突出本章的重点和难点。

第三，课堂展示环节，各小组在展示后，由其他同学点评给成绩，再由老师做进一步的点评和引导，特别是对一些存在偏颇或错误的观点给予否定性评价，用社会主义核心价值观和马克思主义唯物史观引导学生、鼓励学生、帮助学生。

第四，对本章线上线下内容进行总结和归纳，帮助学生清楚了解本章内容在整个教材中的地位，帮助学生建构起前后内容的关联，帮助学生形成完整且系统的知识体系。

九、练习设计

（一）线上教学

每章节都有小测试，学生需要在规定时间内完成测试。测试题型包括单选题、多选题和判断题。

每章节都有线上讨论，学生需要在规定时间内高质量完成老师在讨论区提出的问题。

每章都有线上主观作业，学生需按照课程要求，完成 800 字左右的报告，查重率须低于 15%。主观作业的成绩由学生互评，每个学生须完成 5 份作业的批改，若未按规定完成此任务，该学生的作业成绩将受影响。

（二）线下教学

组织课堂讨论，学生回答问题，教师分析、引导和点评，最终要给参与课堂讨论的同学成绩。本章课堂组织的讨论包括"你的梦想是什么？""你的梦想和中国梦之间的关联是什么？"等。

课前布置小组课堂展示作业，包括作业内容、形式、要求、展示方式等，增强学生课堂参与度、提升学生团队合作能力，给予学生相应的成绩。本章的小组课堂展示作业题目为"从疫情看中国梦和美国梦的差异"。

（作者简介：王微，南方医科大学马克思主义学院教师，广东省立项在线开放课程《新时代中国特色社会主义理论与实践》主讲人。获广东省高校思想政治理论课青年教师教学基本功比赛三等奖、广东高校思政课"抗疫"优秀教学案例征集活动三等奖、南方医科大学第七届中青年教师本科课程教学竞赛二等奖等教学奖励。）

第三节　"五位一体"总体布局

一、所在教材章节

第十章　"五位一体"总体布局

二、教学理念

新时代思政课教学出现了许多新情况、新变化、新问题，习近平对新时代思政课的教学改革提出了总要求。现代教育信息技术的发展从多媒体到慕课、微课、SPOC、翻转课堂，再到在线开放课程，均已融入思政课教学之中。思政课线上线下混合教学模式集传统教学和在线教学的优势而形成的一种深度教与学的新模式，不是单纯的教学手段，而是教学理念与教学内容、教学思维与教学方式的深度融合，是"八个统一"的具体落实。新时代思政课线上线下混合式教学要关注"三个着眼点"。

（一）着眼于新的历史方位

"新时代、新矛盾、新思想、新征程"明确了新发展阶段要用新发展理念引领，构建新发展格局。"五位一体"的总体布局必须从聚焦这一历史方位，了解统筹推进中国特色社会主义事业"五位一体"总布局的重大意义，掌握新时代中国特色社会主义经济建设、政治建设、文化建设、社会建设、生态文明建设的内涵与重大举措及其相互之间的联系，明确全面建设社会主义现代化奋斗目标。

（二）着眼于新的历史视野

新时代中国已然是世界第二大经济体，正处于"世界百年未有之大变局"，因此了解社会主义现代化经济、政治、文化、社会和生态文明建设的总体布局时，需要将视野扩展到两千年中华文明史、科学社会主义发展史以及世界现代化历史进程中，纵横把握古今中外的历史经验，彰显中国特色、中国智慧和中国方案。

（三）着眼于新时代大学生群体的变化

教学的针对性首先要掌握学生实际，00 后大学生群体是伴随着移动互联网成长起来的，擅长信息智能技术，熟稔海量资讯获取，每个人都是自媒体的传播源，然而知识场域零散、碎片，不系统不完整，价值体系多元、模糊与混乱，需要思政课教师从学生擅长的信息技术入手，从整体上对新时代大学生群体进行知识体系构建以及价值引领，真正使思政课内化于心、外化于行，实现知识与价值、理论与实践的统一，做到用创新体系做、知识体系教、价值体系育。

三、教学目标

在教学目标上构建从知识体系到能力思维，再到价值认同层层递进的三个目标。思政课最终也是最高层次的目标是实现认知上的转变，即由低阶的知识体系转向高阶的价值认同。通过开展线上线下混合式教学，利用教育技术进行教学设计，有效实施教学活动，能够促进"层层递进"教学目标的实现。

（一）知识体系建构

线上通过教学视频以及背景知识拓展，让学生对一些涉及经济、政治、文化、社会和生态领域的基础知识有一定的了解，搞懂什么是市场经济、供给侧、政治体制、意识形态、国家与社会的关系以及可持续发展，从而为线下的翻转课堂做好准备。

线下通过基于问题的学习（PBL）进行翻转课堂，为什么从最初邓小平强调"两个文明"即物质文明与精神文明"两手抓""两个都要硬"到现在的"五位一体"总体布局？在互动研讨中，让学生把握在世界发展变迁中的中国由物质文明、精神文明再到政治文明，进而又提出社会建设和生态文明建设这样一个逐渐发展与进步的过程，从而把握社会主义现代化建设的全面性和整体性特点。

（二）能力思维提升

习近平指出："'大思政课'我们要善用之，一定要跟现实结合起来。上思政课不能拿着文件宣读，没有生命、干巴巴的。"《概论》课教材体系基本上是文件汇编，如何把教材体系转化成教学体系以及如何进行"大思政"教学，让思政课程与课程思政同向同行，这就必须针对学生的专业和特长，充分调动学生的主动学习能力，进而提升创新思维能力，让学生动起来、思考起来。

线上在教学平台上分好学习小组，组长负责分工，进行小组研讨和考察作业的实践活动。例如考察作业：制作华为手机近三年的销量图。让学生在线上搜集相关数据与资料，制作华为手机与苹果、三星手机的销量对比图，分析原因，从动手实践中懂得教材中所说的"创新是引领高质量发展的第一动力"。

线下在课堂上进行学习小组的学习成果分享，不同的小组带着不同的任务把他们整个的学习过程包括查找文献、研讨与思考、制作与结论等向全班进行展示，在小组分享中进行相互学习与切磋，这是以学生为中心的自主学习，既有团队间合作也有小组间竞争，提升了学习能力，也产生了相互碰撞的创新思维。

（三）价值情感认同

习近平曾指出，"现在这一代年轻人，也在变化之中，他们的心态、思想也在改变。"青年大学生当中，有相当多的迷恋动漫和高科技，多有美国、日本的拥趸，如何让他们在我国社会主义现代化建设的"五位一体"总布局中认清我们的发展优势，在机遇与挑战面前树立家国情怀，确立使命与担当意识，进而增强"四个自信"，这需要在混合式教学中呈现具体而丰富生动的人物与事件，通过微观来透视宏观，达到价值情感认同。

线上教学中可采取播放一些影视片段，对学生进行一些潜移默化的教育。例如前不久热播电视剧《都挺好》中有个小片段，剧中姚晨饰演的女主角苏明玉，是一家机床生产企业的分公司销售部总经理，对于老板的"富二代"儿子热衷于金融、互联网等虚拟经济曾有过一段精彩的对话，强调实体经济是中国发展的基础，"工业强则国强"，制造业是我国强经济发展的根本所在。通过类似有教育意义的片段播放,让学生感受到家国情怀和新时代的使命担当。

线下在翻转课堂上,可以就虚拟经济和实体经济以及中国与美国的竞争力等问题进行辩论,从而提高辨别是非和价值判断能力,形成对党的理论的价值情感认同。

四、教学设计理念

1. 以习近平总书记"八个相统一"为指导,实现政治性与学理性、知识性与价值性的有机统一。

2. 教学元素实现教师主导、学生主体、教学资源与信息媒介有机整合。

3. 教学方法实现灌输与启发、行为与体验、个体与群组、探究与练习、虚拟与实境有机混合。

4. 教学环境实现线上与线下资源、线上与线下活动、线上与线下评价的有机融合。

五、学情分析

(一) 线上教学分析

本课程教学对象为本科二年级学生,在大学一年级他们已经学习了《思想道德修养与法律基础》《中国近现代史纲要》《形势与政策》《马克思主义基本原理》等思政课程,对于哲学、政治经济学和科学社会主义以及中国历史与当今时代都有了一定的认识,从小学到高中阶段对于中国的制度与法律也都有了初步的了解,但是对于用党的创新理论解释和指导现实问题则需要有综合知识与能力,相对于此前表面与感性的认识则较为欠缺，因此在线上教学视频中则需要重点突出理论性与深刻性。

本章内容知识性较强，且涉及的领域广，经济学、政治学、文学及艺术、社会学及发展经济学、现代化理论等，概念与理论较多，要把这些讲清楚，既需要在教学视频中进行深入浅出的讲解，也需要有较为丰富的案例增强学生的理解。因此，线上教学需要辅之以一些知识拓展的资料，介绍一些经典的观点与理论，并且需要一些具有说服力的影视资料，例如央视纪录片《我们走在大路上》《改革开放永不停步》等。

（二）线下教学分析

线下教学部分，教师不再完全是课堂的主角，授课方式也不再是传统的填鸭式，学生需充分发挥其主动性，发言、讨论、展示、总结相较于专业课的翻转课堂和 PBL 教学实施过程和效果而言，思政课教学中要稍逊一筹，学生课堂的表现不是很积极主动。这时首先要调动学生的学习和课程的参与度，最主要的是教师要做好线下教学工作的合理安排和有效激励机制。

在经过线上的前期预习和学习后，线下教学部分不再以知识点和理论的讲解为主，而是通过问题链的设置帮助学生梳理理论与理论之间的关联、梳理历史与现实之间的关联、梳理中国与世界之间的关联、梳理中国梦与人民梦之间的关联。

（三）线下教学分析

本课程自身的特点相比较其他各门思政课中较难取得学生的认同。一是具有较强的政治性与理论的抽象性，没有"思修"课与学生实际贴得紧密，也没有"纲要"课的故事性，也没有"原理"课的哲学味，因此许多学生认为学习这门课"可读性"不强。二是本章涉及较多的社会哲学领域的概念，专业性较强，与学生现在的知识储备有一定距离，学生对较深的概念与理论存在着"陌生感"。三是本章内容具有较强的宏观性，都是对现有的国家大政方针的解读，与学生的现实诉求存在着一定的距离，容易使学生产生一定的"疏离感"。因此，在线下翻转课堂时，既需要对一些概念深入解释，也需要用聚焦社会热点，用学生关注的新闻与事件进行剖析，让学生产生兴趣与共鸣，做到理论与实际相结合。

在翻转课堂上以小组为单位进行"时事主题发言"，结合最近的热点新闻提前确定发言的"主题"，然后查找资料、准备 PPT，在课堂上进行 10 分钟的发言，然后让其他小组成员对这次发言进行点评，补充观点并将话题进行延伸，教师用党的创新理论最后进行提炼、总结与升华，学生主体性和教师主导性相得益彰，使学生在教学中感受与社会现实的零距离。

六、教学重点难点

（一）教学重点

1. 创新、协调、绿色、开放、共享的五大新发展理念相互贯通、相互促进。创新是引领发展的第一动力，协调是持续健康发展的内在要求，绿色是永续发展的必要条件，开放是国家繁荣发展的必由之路，共享是中国特色社会主义的本质要求。五大新发展理念是具有内在联系的集合体，是推动高质量发展的先导。

2. 高质量发展要以供给侧结构改革为主线，推动经济发展质量变革、效率变革、动力变革。

3. 建设现代化经济体系，是推动我国经济发展焕发新活力、迈向新台阶的必由之路。第一要大力发展实体经济，第二要加快实施创新驱动发展战略，第三要激发各类市场主体活力，第四要积极推动城乡区域协调发展，第五要着力发展开放型经济，第六要加快完善社会主义市场经济体制。

4. 走中国特色社会主义政治发展道路，必须坚持党的领导、人民当家作主、依法治国三者的有机统一，必须坚持正确政治方向。

5. 健全人民当家作主的制度体系。我国的根本政治制度是人民代表大会制度，基本政治制度有三个：中国共产党领导的多党合作和政治协商制度、民族区域自治制度、基层群众自治制度。

6. 统一战线是党的事业取得胜利的重要法宝，要牢牢把握大团结大联合的主题，做好统战工作要处理好几个关系：第一，与民主党派要坚持长期共存、互相监督、肝胆相照、荣辱与共；第二，深化民族团结进步教育；第三，坚持我国宗教的中国化方向，积极引导宗教和社会主义社会相适应。

7. "一国两制"是党领导人民实现祖国和平统一的一项重要制度，在新的历史起点上，要全面准确理解和贯彻"一国两制"、"港人治港"、"澳人治澳"、高度自治的方针。解决台湾问题，实现祖国完全统一是我国三大历史任务之一，坚持一个中国原则两岸关系和平发展，坚决反对和遏制任何形式的"台独"，秉持和践行两岸一家亲理念，携手同心共圆民族复兴中国梦。

8. 推动社会主义文化繁荣兴盛，要牢牢掌握意识形态工作领导权；培育和践行社会主义核心价值观；坚定文化自信，建设社会主义文化强国。

9. 保障和改善民生是党坚持立党为公，执政为民的本质要求。第一，要优先发展教育事业；第二，提高就业质量和人民收入水平；第三，加强社会保障体系建设；第四，坚决打赢脱贫攻坚战；第五，实施健康中国战略。

10. 加强和创新社会治理，打造共建共治共享的社会治理格局。第一，创新社会治理体制；第二，改进社会治理方式；第三，加强预防和化解社会矛盾机制建设；第四，加强社会心理服务体系建设；第五，加强社区治理体系建设。

11. 总体国家安全观是指坚持国家利益至上，以人民安全为宗旨，以政治安全为根本，以经济安全为基础，以军事、文化、社会安全为保障，以促进国际安全为依托，维护各领域国家安全，构建国家安全体系，走中国特色国家安全道路。

12. 新时代推进生态文明建设以人与自然和谐共生为核心，树立尊重自然、顺应自然、保护自然的生态文明理念，加快生态文明体制改革。第一，推进绿色发展；第二，着力解决突出环境问题；第三，加大生态系统保护力度；第四，改革生态环境监督体制。

（二）教学难点

1. 从"两个文明"到"五位一体"看社会主义现代化建设的全面性。

2. 为什么要用新发展理念引领高质量发展？

3. 为什么说社会主义民主是最广泛、最真实、最管用的民主？

4. 如何建设具有强大凝聚力和引领力的社会主义意识形态？

5. 如何加强和创新社会治理？

6. 如何理解"绿水青山就是金山银山"？

教学重点主要是线上教学视频里突出强调的，让学生更好地掌握章节的学习重点和考查的知识点。教学难点则主要是线下翻转课堂所要探讨的问题，在讨论中结合案例、古今中外的历史经验分析以及新时代的历史方位进行分析，澄清学生心中疑惑，形成认同意识。线下翻转课堂是线上教学进一步提升，在学生掌握教学重点的基础上，用高难的问题来呈现教学的高阶性、创新性和挑战度，从而提高学生用马克思主义方法论分析问题、解决问题的能力，最终形成理论认同、价值认同和情感认同。

七、教学方法与手段

（一）线上教学方法与手段

本课程线上学习平台为爱课程教学平台（aike. smu. edu. cn：808/moodle/course/view. php？id＝482）。

在课程教学平台进行三大板块教学：学前通过自主学习的方式，完成认知低阶段的知识掌握与拓展；学中开展翻转课堂，解决学生头脑中的困惑，实现价值认同；学后通过不同作业形式巩固学生的知识与塑造价值，使其内化于心，外化于行。

第一板块"教学内容"中，主要是让学生在学前通过自主学习来掌握低阶段的认知，为学中的翻转课堂做好准备。这一板块既要突出学生的主体性学习，也要突出教师的主导性教学。在这一章中教师发布"教学课件、教学视频、经典文献、探讨问题"，让学生在教师的主导下开展自主性学习，通过课件引导、观看视频、阅读文献、思考问题，为线下翻转课堂做好准备。

在第二板块"作业发布"中，充分发挥学生的主体性，由学生自主完成。这一板块分为"知识测评、作业互评、考察实践"三个内容。"知识测评"利用"学习平台"的"测验模块"发布三个单元学习的知识点测验题，均为客观题，让学生在理论学习结束后，对每个单元进行知识点的测验，测评自己的知识掌握情况。"作业互评"主要是发布主观题，利用"学习平台"中的"互动评价模块"随机向每个学生发布同学们的作业，并对之进行批改评价，在完成主观题作业和批改同学作业的过程中提升自己的分析问题能力。"考察实践"是针对学生的实践学时，向学生发布相关的考察作业，目的是通过动手能力、行动能力来调动学生的主动性，使教学活动变得实在而具体。学生将自己的考察作业上传到平台，这些作业有不同种类型，视频、照片、图表、分析报告等，都是学生通过实践与动手来完成。这样通过"作业发布"板块来评价学生混合式教学的情况，通过"客观题、主观题、实践力"的考察能够从知识、价值、能力等几个方面准确、全面、综合反映学生的学习情况。

在第三板块"知识拓展"中，基于本章所体现的思想政治理论综合性，需要丰富的知识储备，涵盖哲学、经济学、政治学、历史学等相关领域，因此就需要历史背景的介绍、相关知识的普及以及纷繁多样的教学案例。由于线下教学学时以及教学难点所限，教学中无法普遍详述或是采用。但这些历史背景、知识普及以及教学案例对于学生理解理论、拓展知识、形成创新思维无疑具有帮助作用。因此在"知识拓展"这一板块中发布与教学有关的历史背景、知识材料与各种案例能够进一步拓宽学生知识面，深化教学效果。这一板块可以让学生在学前了解，更好配合翻转课堂教学，也可以在学后通过阅读进一步拓展视野。

（二）线下教学方法与手段

"线下"的翻转课堂是在"线上"学习的基础上，查找资料、社会考察、调研分析，最终回到课堂，在教师的主导下翻转课堂，深度实现教与学的互动。翻转课程有两种形式：一是根据某一教学内容，针对学生"线上"自主学习所产生的问题，在翻转课堂上有效地在教师的主导下进行充分辩论、对话，最后由教师总结，统一思想、解决问题；二是学生在课堂上或是展示通过亲自查找的数据资料而形成的学习成果，或是展示通过实践考察而形成的调研报告，等等，最后由教师根据教学内容进行总结、提炼与升华。研究中，需要对各门思政课的某一教学内容的翻转课堂进行具体案例分析，生动、直观呈现混合教学模式中翻转课堂的深度教学。

八、教学过程

（一）线上教学过程

教师在教学平台上发布教学视频、课件、阅读书目、影视资料、作业和知识拓展资料，创建班课、分好小组。

教师线上发布教学任务，安排学生在线上观看教学视频、学习教案和课件、完成作业，规定学生完成线上学习任务的时间点。

学生在平台上上传主观作业，教师在线上分配作业互评任务。

教师线上布置线下翻转课堂的教学任务，给出教学难点的思考题、小组时事主题发言、考察作业的课堂展示等。

（二）线下教学过程

1. 对学生线上学习情况的进行评价，表彰完成度较好的学生，督促完成度低的学生尽快完成线上教学任务。

2. 用提问的方式让学生回答本章的重要知识点，了解学生的掌握度，然后回顾并复习总结与串讲本章的重点，进一步加深学生对知识点的掌握。

3. 学生对小组考察作业的展示，例如：华为手机近三年销量数据图及分析报告，其他各组成员对这一展示进行点评。

4. 教师点评后，通过投屏打出教学难点的问题，学生线上回答，然后投屏展示学生线上回答的词云，对词云进行分析和研讨，课堂提问让学生回答对这些词云的认识与理解。

5. 教师点评学生回答，并选取适当的案例进行总结与阐发，澄清问题，明确社会主义现代化建设的全面性以及经济、政治、文化、社会和生态文明建设的关键问题。

6. 小组进行时事主题发言，学生点评。

7. 教师总结，运用本章的理论分析当前时事，引导同学用马克思主义方法论分析问题和解决问题，提高价值判断能力，明辨是非，培育正确的价值观，将知识体系构建、能力思维的提升进一步升华为价值情感的认同。

九、练习设计

(一) 线上教学方面

1. 完成客观题作业

每章客观题型包括单选题、多选题，涉及全章所有知识点，要求学生必须掌握所有知识点，答满分为合格，不合格者需要多次重做，直到满分为止。

2. 完成主观题作业

学生完成经典阅读任务（书或是文章），并完成不少于 1000 字读后感写作，提交线上平台进行作业互评。教师给出评价标准，每位同学评价 10 个同学的作业，90 分以上优秀，70~89 分良好，60~69 分合格，60分以下不合格。

3. 完成考察题作业

教师以学习小组为单位，布置考察题作业，强调线上查找资料、团队合作以及实际动手和操作，例如：制作"近三年华为手机销量图"、拍摄"关于我国科技创新"的小视频、制作"近几年空气、水污染指数图"、调研"社区垃圾分类"等，这是线上线下相结合共同完成的。

（二）线下教学方面

小组学习为主，进行小组合作，查找文献资料、制作图表视频，完成考察作业和时事主题发言，并进行课堂展示，成绩为同学们现场点评打分的平均值。

翻转课堂中教师就教学难点的问题，例如：为什么要用新发展理念引领高质量发展？为什么说社会主义民主是最广泛、最真实、最管用的民主？如何理解"绿水青山就是金山银山"？开展小组讨论、辩论以及互动点评，教师就学生的发言给予综合评价，给予学生相应的线下成绩。

（作者简介：傅义强，南方医科大学马克思主义学院教授。广东省高校思想政治理论课骨干教师，广东省高校思想政治理论课教学指导委员会委员。多年从事马克思主义理论与思想政治教育研究，主持的《毛泽东思想和中国特色社会主义理论体系概论》获得广东省线上线下混合式一流课程，开展线上线下混合式教学取得优异教学效果和社会效益。）

第四节　坚持走和平发展道路，
推动构建人类命运共同体

一、所在教材章节

第十三章　第一节　坚持走和平发展道路

　　　　　　第二节　推动构建人类命运共同体

二、教学理念

（一）教育性教学

让学生认识并理解当今世界正处于大发展大变革大调整时期，中国在继续坚持独立自主和平外交政策的同时，正在致力于推动建立新型国际关系；理解并掌握中国推动构建人类命运共同体的内涵、做法和世界意义。通过讲授中国的和平发展道路、构建人类命运共同体的理论与实践，增强学生对中国特色社会主义的自信，培养学生从全人类共同发展视角看待国际关系的世界观、价值观。

（二）实效性教学

把科学世界和生活世界联系起来，把历史逻辑、理论逻辑和实践逻辑结合起来，通过讲授新中国在不同时期在独立自主和平外交战略上的探索、新时期构建新型国际关系的实践、构建人类命运共同体的理论与实践、"一带一路"建设实践等，学生能够科学认识新型国际关系构建、人类命运共同体构建的必要性和重要性，把促进世界和平、促进世界共同发展内化为人生理念和行为指南，从而保证教学的实效性。

（三）发展性教学

贯彻以人为本原则，以学生为主体，以学生发展为核心，通过本章教学，学生在掌握知识的基础上，提高用社会主义、共产主义理想观分析国际关系的能力，提高对西方发达国家零和博弈外交的资本逐利本性的识别和批判，培养爱国情感，坚定"四个自信"，实现知识、能力、价值观的全面发展。

三、教学目标

（一）知识目标

1. 线上教学方面

学生通过观看教学视频（两段微教学视频：《为什么要坚持和平发展道路》《构建人类命运共同体提出的背景》）、学习教案和课件、完成章节测验等环节实现掌握基本知识和基本理论的目的。

2. 线下教学方面

在线上学习基本达成知识掌握目标的基础上，通过师生问答、小组讨论、"智慧定向+思政"等环节进一步巩固和补充知识。

（二）能力目标

1. 线上教学方面

学生通过在线上观看主讲教师的教学视频，参加课程平台上的讨论，以及完成作业和考试等提升分析问题的能力。

2. 线下教学方面

学生通过参与翻转课堂的小组讨论，回答与讨论学生在线上提出的问题和教师在翻转课堂上提出的问题以及在翻转课堂上学生提出自己疑惑不解的问题和师生解答等，提升学生用社会主义、共产主义理想观分析问题的能力。

（三）价值观目标

1. 线上教学方面

学生在线上观看主讲教师的教学视频以及参与线上讨论，在提升分析问题能力的同时，能够提高是非辨别能力和价值判断能力，形成正确的价值观。

2. 线下教学方面

学生在翻转课堂上，通过参与小组讨论、回答和提出问题、开展讨论等环节，在提升分析问题能力的同时，能够提高是非辨别能力和价值判断能力，形成正确的价值观。通过"智慧定向+思政"实践教学，培养学生的合作学习精神和爱国情感。

四、教学重点难点

（一）教学重点

当前世界格局呈现的特点：世界正处于大发展大变革大调整时期，世界多极化在曲折中发展，经济全球化深入发展，文化多样化持续推进，社会信息化快速发展，科学技术孕育新突破。

中国为什么要坚定不移地奉行独立自主的和平外交政策。这是由我国的社会主义性质和在国际上的地位所决定的，是从历史、现实、未来的客观判断中得出的结论。

中国独立自主的和平外交政策的基本内容：把国家主权和安全放在第一位；不屈从于任何外来压力；坚持各国的事务应由本国政府和人民决定，世界上的事情应由各国政府和人民平等协商，反对一切形式的霸权主义和强权政治；主张和平解决国际争端和热点问题，反对动辄诉诸武力或以武力相威胁，反对颠覆别国合法政权，反对一切形式的恐怖主义。

推动建立新型国际关系的基本内容：要坚决维护国家核心利益；在和平共处五项原则基础上发展同世界各国的友好合作；要加强涉外法律工作，完善涉外法律法规体系；要积极参与全球治理体系改革和建设；要把合作共赢理念体现到政治、经济、安全、文化等对外合作的方方面面，推动构建人类命运共同体。

构建人类命运共同体的核心内涵：建设持久和平、普遍安全、共同繁荣、开放包容、清洁美丽的世界。

（二）教学难点

通过探讨"一带一路"建设对构建人类命运共同体的重要意义和作用，让学生学会批判西方不怀好意的政客对"一带一路"建设的歪曲抹黑。

引导学生从国际伙伴关系、安全格局、经济发展、文明交流、生态建设等方面来整体理解人类命运共同体的构建，而不仅仅是从外交关系上来理解。

引导学生深入分析人类命运共同体构建与社会主义的历史使命之间的密切关联，让学生深切感受到人类命运共同体的构建就是要让全世界的人都过上美好生活。

通过让学生深入理解构建人类命运共同体的内涵、意义，让学生深入理解人类命运共同体构建与西方发达国家零和博弈外交战略的根本区别，从而自觉抵制西方国家对中国的蓄意攻击抹黑，自觉批判西方国家将自身利益凌驾于其他国家之上的国际事务处理方式。

　　为了让学生更好地掌握知识、提升分析问题的能力和形成正确的价值判断，在线上教学方面，设置了一些问题：第一，"一带一路"建设是损害了参与国的利益还是实现了与参与国的共同发展？第二，人类命运共同体的构建与社会主义在价值观上有怎样的一致性？第三，以"叙利亚问题的解决"为例，探讨在解决国际问题时应持有怎样的立场？第四，西方国家零和博弈思维在新冠疫情防控、美国"退群"风波等事件上有怎样的表现？

　　线下教学是线上教学的巩固、补充和提升，是课程教学高阶性、创新性和挑战度的体现。核心目标是在学生掌握人类命运共同体内涵、新型国际关系等基本内容的基础上，提高学生用社会主义、共产主义理想观分析问题的能力，形成正确的价值判断。

五、教学方法与手段

（一）线上教学方法与手段

　　本课程线上学习平台为智慧树课程网站（www. zhihuishu. com）。教学内容方面进行了重构，围绕第十三章"中国特色大国外交"中的内容拍摄了两段微教学视频：《为什么要坚持和平发展道路》《构建人类命运共同体提出的背景》，学生学习这两段教学视频的目的主要是对和平发展道路和人类命运共同体思想有一个背景性了解，并进行相关的章节测试。同时在网站中上传中国"一带一路"建设成果资料、叙利亚问题资料、全球疫情防控数据和资料、美国退群风波资料等，让学生对西方国家零和博弈外交和我国"一带一路"建设有初步的感性认识。在章节讨论中，设计了教学难点中的四个问题，让学生进行初步的思考，并在网站论坛中进行讨论。学生进行线上学习，通过观看教学视频，完成测验、开展讨论等教学任务，基本达成知识、能力、价值观"三位一体"的教学目标。教师在线上引导和参与讨论，发布和批改作业与考试等。

（二）线下教学方法与手段

本课教学采用"翻转课堂"教学模式，使用微助教作为教学工具，开展智慧教学。在学生线上学习的基础上，主要以师生问答互动、交互讨论、合作学习、小组讨论、生问生答、生生互评等方式组织和开展教学，利用移动互联网+教学和智慧课堂的形式完成整个教学活动。教师提问和学生提问、讨论基于课程网站，小组讨论与合作学习基于微信群，学生签到、抢答、教师网上提问、生生讨论、生生互评基于微助教的智慧教学工具功能，辩论、总结等则是在现场课堂上开展。通过线下"智慧定向+思政"实践教学，让学生在互动中，在红色文化场景的沉浸中，进行合作学习，培养爱国情感。

六、教学过程

（一）线上教学过程

通过课程通知等渠道，提前通知学生什么时间以前完成本章节的线上学习任务。

依次安排学生在线上观看教学视频、学习教案和课件、完成章节测验、讨论和研讨章节学习资料，并在讨论区提出和回答问题，参与综合讨论。

根据课程通知，准备翻转课堂要进行的讨论等教学任务。

（二）线下教学过程

1. 打开课程网站，展示第十三章线上学习内容，了解学生学习进度和知识掌握情况等。

2. 打开网站，简要回顾已经学习的内容，说明第十三章翻转课堂的教学重点和课程公告通知的主要任务，导入翻转课堂教学。

3. 利用微助教教学工具，了解同学们对第十三章的掌握情况，首先通过投屏了解学生对"人类命运共同体思想"的认知情况，引导讨论"人类命运共同体的构建与社会主义在价值观上有怎样的一致性"这一课题。

4. 通过投屏了解学生对"一带一路"建设情况的认知情况，引导学生探讨"'一带一路'建设是损害了参与国的利益还是实现了与参与国的共同发展"这一问题，让学生深入认识到通过"一带一路"建设，参与国之间实现了共同发展、共享发展。

5. 让学生分组探讨"人类命运共同体的构建与西方国家零和博弈外交的根本区别在哪里？为什么中国和西方国家在世界发展问题上会有这种区别？"选取一些样本，让学生点评分析哪个组分析得最有深度，并投票加分。培养学生的求异思维、发散思维和批判思维。

6. 分组讨论"以叙利亚问题的解决为例，探讨每个国家在推动解决别国问题时应持有怎样的立场？"每小组推举一名同学做重点发言。

7. 通过投屏，了解学生对西方国家零和博弈思维的了解情况，学生回答，教师简单引导。

8. 展示课程网站上教师网上置顶的问题，让学生回答，引导学生自己解决在学习过程中遇到的问题，形成分析问题的方法，培养学生的问题意识，并在提升学生分析问题能力的同时，提高价值判断能力，并培育正确的价值观。

9. 教师对小组讨论问题进行理论分析，提出如何实现理论逻辑和历史逻辑的统一，培养学生逻辑思维能力和批判意识。

10. 围绕"一带一路"建设教学内容，设计"智慧定向+思政"的线下实践教学环节，将"一带一路"建设的重要事件和参与国家设计到学校校园中，作为打卡点，然后让学生分组参加"智慧定向+思政"比赛，根据学生比赛完成时间和打卡正确率评定学生实践成绩。让学生在智能打卡的过程中，加深对"人类命运共同体思想"的理解，培养学生的团队协作精神，并通过智慧定向红色文化场景的设计，让学生在红色文化智慧定向运动中，培养学生的爱国情感。

11. 教师对本节课教学小结，分析构建人类命运共同体对于世界共同发展、共享发展，对于减少国际冲突的重要意义，引导学生进入"坚持和加强党的领导"章节的学习。

七、练习设计

（一）线上教学方面

在视频中插入了问题，学生必须回答并正确回答才能继续观看视频。这些问题主要是该视频中涉及的基本知识，题型包括单选题、多选题和判断题。学生必须在规定时间内完成相关教学视频学习，网站会记录学生的学习进度。

每个章节都有测验，学生必须完成测验达到一定分数才能提交，计入线上成绩。测验内容主要是本章线上教学中涉及的基本知识，题型包括单选题、多选题和判断题。

每个学生必须参与线上讨论，讨论问题数量和质量计入线上成绩。

学生必须按照教师要求完成课程作业（作业题目为：关于疫情防控的中美对话。作业要求：设计中国、美国这两个角色，让他们围绕疫情防控展开对话，体现出美国的零和博弈思维，中国的命运共同体思维，对话不少于 2000 字），线上提交并开展互评，计入线上成绩。

学生在完成线上 100% 的学习任务后，才能参加期末线上考试，计入线上成绩。线上期末考试，题型包括单选题、多选题、判断题。

（二）线下教学方面

知识掌握在线上学习阶段基本完成，翻转课堂给予巩固和应用。如在讨论分析的过程中师生一起给出知识点表述和认知。

通过小组讨论、学生提问和回答问题、教师理论分析等环节提高学生分析问题能力。本节中涉及了许多此类问题，如："一带一路"建设是损害了参与国的利益还是实现了与参与国的共同发展？人类命运共同体的构建与社会主义在价值观上有怎样的一致性？以"叙利亚问题的解决"为例，探讨在解决国际问题时应持有怎样的立场？西方国家零和博弈思维在新冠疫情防控、美国"退群"风波等事件上有怎样的表现？人类命运共同体的构建与西方国家零和博弈外交的根本区别，等等。

通过小组讨论、合作学习、教师分析、引导和点评等环节，提高学生价值判断能力，培育正确的价值观。

依据上述教学过程中学生的表现和在知识掌握、能力提升、价值观形成方面的综合表现，给予学生相应的线下成绩。线下课堂成绩占总成绩的 30%。

围绕"一带一路"建设教学内容，设计"智慧定向+思政"的线下实践教学环节，根据学生比赛完成时间和打卡正确率评定学生实践成绩。让学生加深对"人类命运共同体思想"的理解，培养学生的团队协作精神和爱国情感。线下实践教学成绩占总成绩的 10%。

（作者简介：秦抗抗，仲恺农业工程学院马克思主义学院副院长、副教授。广东省线上线下混合一流课程《毛泽东思想和中国特色社会主义理论体系概论》负责人，获中央电化教育馆网络课程三等奖1次，获广东省教育厅优秀教案、优秀网络课程等奖项多次，学校十佳青年教师。2016年以来开展线上线下混合式教学，在教育部易班网络教学平台教学活跃度一直保持在全国前三的水平，获新华网等媒体报道。）

第四章

《马克思主义基本原理》教学案例

第一节 社会历史发展的动力

一、所在教材章节

第三章第二节 社会历史发展的动力

二、教学理念

本节要求学生在掌握社会基本矛盾运动及其规律的基础上，从社会结构的逻辑层面，对影响社会发展的动力有比较系统、全面的把握，理解阶级斗争、社会革命、改革以及科学技术对社会发展的推动作用。

（一）明确目标

唯物史观作为马克思主义的重要理论创新之一，是马克思主义理论大厦的重要支点。本章从社会发展的内在根据、结构机制、表现方式等几个方面，多层次、多角度进行概括和分析，其中第二节"社会历史发展的动力"具有承上启下的重要作用。因此，教学的主要目的就是培养学生准确把握社会发展动力的基本内容及运行机制，了解社会基本矛盾在社会现实中的表现，认识阶级斗争、社会革命、改革及科学技术在社会历史发展中的作用。坚持唯物史观，树立人民群众创造历史和阶级分析的方法，并能够运用理论对社会现实问题进行简单的阐释。

（二）找准定位

该部分教学内容有较高的理论思维抽象性，学生虽然经过前期学习，具备一定的基础，但根据学生自身的知识背景情况，仍然需要运用具体生动的形象，由浅入深逐渐提高。因此，对于本节内容的学习，从电影艺术感性形象视频材料着手，激发学生的关注兴趣是比较好的切入点。

（三）增强实效

通过引入各种现代媒介手段，增强马克思主义政治理论课的时效性和感染力，是当今媒体时代与时俱进的重要体现。具体而言，电影不仅是现代大众喜闻乐见的艺术形式，而且也是重要的文化传播手段。通过认真挑选和鉴赏分析，结合教学需要，能够让学生在潜移默化中了解马克思主义理论所发挥的理解世界和改造世界的立场、观点、方法。从而避免纯粹就理论讲理论而陷入抽象空洞，导致学生在学习过程中兴趣不高、积极性不够，达不到教学目的的弊病。通过引入媒介，由下而上，再经过对具体场景和问题的解释、分析，上升到理论高度，与马克思唯物史观理解和分析人类社会历史和现实问题的基本观点进行对照阐释，就能够收到事半功倍的效果。

三、教学目标

(一) 线上教学方面

1. 知识目标

通过选择与本节教学内容密切相关的电影《雪国列车》，预先布置若干与教学内容相关的问题，让学生带问题欣赏，由欣赏再回到对问题的思考，由思考引入理论解释框架。

2. 能力目标

第一，欣赏电影作品，提高用具体形象说明问题的能力。譬如，列车中的"生态"与阶级分层、羡慕"食物"与社会矛盾的导火索、"鞋子置于头顶"与阶级斗争意识等。

第二，通过结合本节授课内容提出问题讨论。譬如，人类社会是自我封闭系统还是开放系统？科学技术在促进人类进步发展过程中是否也带来风险？技术力量的增强在社会各阶级中的分配是否公平？如何协调技术进步与人性失落或冲突等。

第三，通过课堂问题讨论，激发学生对理论问题的兴趣。在以上问题的讨论中，结合本节授课要点，对学生讨论过程中的问题集中梳理，并与本节授课要点相比较，找出理解的差异。

第四，对影片中所体现的问题及可能的缺陷，运用马克思主义立场、观点和方法进行分析，引导学生学习掌握与此相关的本节内容。

3. 价值观目标

学生在鉴赏与课程相关的作品（漫画、书籍、纪录片等）的过程中，初步形成对党的基本理论、基本路线、基本方略的理解和认同。

（二）线下教学方面

1. 知识目标

在第一节社会基本矛盾及其规律的学习的基础上，对本节中所强调的社会基本矛盾在历史中的作用、阶级斗争在阶级社会的作用、改革和科学技术在社会发展中的作用等进行主要介绍，并要求学生对以上问题进行准确的理解和把握。

2. 能力目标

通过一定的理论基础的学习，能够运用社会基本矛盾具体分析我国社会的现实问题；能够理解生产力与生产关系、经济基础与上层建筑的矛盾在阶级社会具体表现为阶级矛盾和阶级斗争的原理；能够理解革命与改革的区别和联系；能够比较全面地掌握科学技术推动社会发展的途径与作用等。

3. 素质目标

通过专题讨论与影评等，运用小组讨论、个别提问、观点评价、思路启发，引导学生运用社会基本矛盾具体分析的方法、阶级分析的方法、对比的方法（革命和改革）及影片中具体场景等形象表现的方法，培养学生学会思考现实社会问题，初步了解评价影视作品的思路、着眼点、途径，提高学生分析问题、解决问题的能力。

四、教学设计理念

基于各专业大学生特点和人才培养目标，将教学从单纯注重知识的传授转向重视对学生认知、情感和能力的培养上，将思想政治教育从知行分离转向知行统一，学以致用。具体突出如下四个方面：

（一）思想性

以"知识、能力、素质三位一体的一般教育理念"和"意识、信念、责任三位一体的思想政治教育理念"为指导，提高学生的马克思主义理论知识素养，培养学生自主学习和理论联系实际的意识及能力，坚定学生的中国特色社会主义信念，强化学生服务社会、报效国家的责任意识和实践能力。

（二）人本性

树立以"学生为本"的教学理念，注重人文关怀和心理疏导，尊重学生，一切从满足学生的成长成才需要出发，一切以促进学生的思想政治素质提高及个体的和谐发展为目的，从知、情、意、行等方面磨炼并培养学生的政治素质和综合素质。

（三）实践性

本节内容中所涉及的社会基本矛盾在历史发展中的作用是理解我国深化改革开放一系列基本问题的重要理论基础；阶级斗争在社会主义初级阶段的具体表现；如何理解社会革命与改革的联系和区别；如何评价科学技术进步是当今生产力发展的第一推动力以及科学技术创新在我国现阶段的重要性等都具有鲜明的实践性和理论紧迫性，具有很强的社会实践性。

（四）针对性

本节在教学内容选取、教学方法、教学模式、教学评价等方面都要针对学生的自身特点以及专业特点。在线上授课资料选取中、线下教师讲授中都要结合专业对典型案例进行重点分析，并注重学生在线上和线下教学中的参与感。做到符合学生特点、理论联系实际、理论联系专业、理论服务专业。

五、学情分析

（一）知识基础

学生通过以往章节的学习，初步了解马克思主义的一般观点、立场和方法，某些文科专业在中学阶段对马克思主义基本观点也有初步了解。加之线上对课程内容的预习及观影，具有理解本节课程内容的知识背景和基础。

（二）能力基础

大部分同学能够接受电影媒体，对通过观影的案例为切入点的教学模式喜闻乐见，加之如今在校大学生都具有可以方便观影的手机或电脑设备等，能够比较自由地分配时间进行预先准备。

根据在校学生成长的阶段特点，他们已经初步具有了理论分析的能力，如果使用材料得当、方式方法新颖，学生比较容易接受和理解。

（三）素质基础

1. 当代大学生具有思维活跃、意识自主、内心表达欲望强烈的特点。

2. 对互联网、智能手机等新媒体工具很感兴趣，且使用熟练。

3. 生源类型多样，排斥灌输式教学，喜欢在实践活动中自主建构知识。

六、教学重点难点

（一）教学重点

社会基本矛盾中生产力和生产关系、经济基础和上层建筑的矛盾的内容及二者的辩证关系。

社会基本矛盾、主要矛盾在历史发展中的作用，如何运用社会矛盾分析的方法具体分析我国现阶段所存在的矛盾和问题，正确理解我国由"人民日益增长的物质文化需要同落后的社会生产之间的矛盾"转化为"人民日益增长的美好生活需要和不平衡不充分的发展之间的矛盾"的问题。

阶级斗争是社会基本矛盾在阶级社会中的表现，是阶级社会发展的直接动力，它的表现方式及与社会基本矛盾的关系。

社会革命与社会改革的实质和作用，它们二者的联系和区别。

科学技术在社会发展中的作用，正确理解当今社会发展中"科学技术是第一生产力"的重要论断。

（二）教学难点

社会基本矛盾在历史上的作用，它是如何通过阶级斗争在阶级社会具体表现出来的。

运用社会基本矛盾和主要矛盾分析的方法，正确理解我国当前社会主要矛盾的转变及其客观依据。

阶级社会中革命与改革的区别，为什么说"革命是历史的火车头"，而社会主义社会也需要改革并持续进行改革。

科学技术在现代社会发展中的作用及其具体表现。

在线上教学方面，以问题为导向指导学生观看《雪国列车》，结合电影与本节社会历史发展动力所涉及具体内容，引导学生在观影过程中注意以下几个问题：1.《雪国列车》人造生物圈系统与地球环境人类生态系统有哪些相似点与差别？2.《雪国列车》中不同车厢里的阶级差别表现在哪些方面？造成阶级差别的原因有哪些？3. 电影《雪国列车》最末端车厢里人群暴动的原因是什么？发生过几次？电影通过什么手段暗示这几次革命的内在关联的？通过什么方式进行表现的？4.技术专家在整个列车运行中扮演什么样的角色？人能成为机器的一部分吗？或者说为了维持机器的运转是否值得牺牲少数人，甚至儿童？5.从影片中能够总结出革命成功需要哪些社会条件？6.你是否赞同"任何阶级社会中存在的暴力也在维护基本的人性，否则人类会堕落成相互屠杀的野兽"这种观点吗？7.结合《雪国列车》，如何理解在资本主义条件下，科学技术常常被资产阶级用作剥削压迫人民的工具，并非都能使人摆脱贫苦，促进人的身心健康发展，因而，科学技术有时"表现为异己的、敌对的和统治的权力"的论断？

由于线上教学采用的是观看单场电影的方式，虽然经过问题引导设置，但在学生思考过程中，有可能与线下教材需要讲授的问题无法做到"无缝衔接"，这就需要在授课老师的引导下进行适当的"模式转换"。它包括如下环节：首先，由线上同学根据问题讨论的线索导入教材相应授课内容要点；其次，让学生带问题快速预习相应教材内容，对比自己的理解与马克思主义基本原理中相应的表述的差异；再次，分析同学们理解错误的原因及电影《雪国列车》中的局限；最后，运用马克思主义关于人类社会历史发展动力的相关论述对线上相关问题进行评述分析，并得出结论。

七、教学方法与手段

（一）线上教学方法与手段

本课程线上学习平台为中国大学 MOOC 网（www.icourse163.org）。具体案例为电影《雪国列车》。在影片的选取上，照顾到与本节授课内容的紧密衔接，由于这部影片能够以相对完整、生动形象的方式体现关于人类社会发展动力的多个方面，因此具有一定的典型代表性，当然也可以选择其他适当的电影或者视频材料。在具体手段上可以采取不同方法，如在布置线上电影观看时，可以选择集中观看，根据问题集中进行电影重要内容的点评，把电影艺术表现手法的欣赏与随后的线下授课内容的主要联系进行总结概括，专门作为一项议题进行；也可以根据以上所列问题让学生分散自由观看，并留有消化理解时间，在线下课堂再进行集中讨论与点评；也可以采取分发专项议题，作为作业任务指导学生进行简短电影评论，并参考互联网豆瓣相关影评等。

（二）线下教学方法与手段

根据提前布置电影欣赏，指导学生按照预先设置的问题快速浏览教材相应内容，结合 PPT 课件，老师带领学生进行教学重点与难点内容的简要介绍。一方面，由于学生在观影后的理解可能是零碎的或者有困惑，这种情况下，教师结合本节原理进行"自上而下"的说明性解释，就显得很有必要；另一方面，电影场景及拍摄技巧、表现手法等往往更多体现导演意图，与学生需要掌握的马克思主义的立场、观点和方法在某些方面会有一定出入，在这种情况下，就需要结合电影材料，用相关教学原理进行剖析说明，并进行对比评价，提升学生分析理解具体问题的能力。线下实体教学的关键是做好电影影评场景与教材授课要点恰当衔接，从而让学生在影片场景观赏的兴趣中学习其中蕴含的唯物史观原理，发现马克思主义解释具体问题的理论指导作用。

八、教学过程

（一）线上教学过程

通过课程公告，提前通知学生在什么时间完成本章节的线上学习任务,并把线上观影中涉及的 9 个相关问题布置给学生。

根据线上选择的不同观看方式,进行线下授课内容相关性准备。如果是教师带领同学集中观看电影,可以进行适当影评指导,关键环节提醒学生根据电影场景、台词等联系预先设置的问题以及所对应线下教材的相关内容;如果采取的是分散观影的方式,则可以在线下根据学生对主要问题的理解,总结出相似情况进行简单分组讨论。

根据分组讨论情况,引入具体线下授课,灵活掌握学生掌握相关问题的难易程度,并合理分配线下实体授课时间。

(二) 线下教学过程

1. 课堂导入

打开《雪国列车》线上网址,展示本章线上学习任务,对影片作简要说明,根据预先设置的问题,指导学生预习教材相关内容。

2. 小组展示或典型问题提问

根据学生对电影主题相关问题理解的不同,可以采取简单分组或者预先分组的形式进行讨论,各组指定组长等负责进行观点汇总陈述。

3. 师生点评

各组长简要陈述本组代表性观点,教师根据情况设定到相关电影场景片段并进行必要引导,找出教材原理阐述与分组同学理解的差异并评论。

4. 理论探讨

带影片问题切入具体内容介绍,运用本节课件 PPT 进行讲授,对电影中所涉及的问题进行参照对应,突出理论分析问题的普遍性、鲜活性、具体性、生动性。

5. 逻辑梳理

结合本节授课重点难点,在理论衔接上注意社会基本矛盾是社会发展的动力，与作为历史活动主体的人的积极性、能动性及现实的愿望和要求之间的关系，由此得出在阶级社会中人民群众是先进生产力的代表，是革命和改革的推动者，具体表现就是阶级斗争与科学技术是推动社会发展决定力量的观点。

6. 重点分析

批判分析《雪国列车》在理解社会发展动力方面带有的局限性，指出其电影表现手法设定条件的不足之处。与之相比，社会主义社会历史条件及现阶段的主要矛盾的具体表现均具有不同的特征，它是我国现阶段社会主要矛盾发生变化的原因，由此，保持革命初心、锐意改革是社会主义制度的自我完善，在中国共产党的领导下实现民族复兴需要科学技术创新精神等。

九、练习设计

（一）线上教学方面

针对本节布置观影任务，可以要求学生以作业形式提交简短的影评，字数在 300 字以内。

线上视频学习后，学生需要在讨论区参与问题讨论，也可自主提出问题，师生在综合讨论区进行良性互动。对于预先设置观影问题回答比较好，或者影评观点鲜明，具有独特视角且有根据的影评，可以进行点赞或转发，并激发同学们进行争论；对于个别理解偏差比较大的同学，也可以进行单独沟通咨询，深入了解其理论出发点，在线下授课中予以引导纠正。

学生在完成线上 70% 的学习任务后，才能参加期末线上考试，计入线上成绩。线上期末考试，题型包括单选题、多选题、判断题和问答题等。

（二）线下教学方面

本课程对应章节要求通过线下授课后能够掌握相应的重点问题，了解相关原理的主要内容及要点，并能够根据理论对具体问题进行简单的解释说明。

线上引入观影，最终目的仍然是为了使学生能够通过视频素材，激发学习理论的兴趣，从而使马克思主义保持鲜活的生命力。对于在电影材料解释上理论引入的偏差，要进行正确的引导和纠正，最终归结到本节所涵盖的理论教学要点之中。

线下教学具体环节注意适当的平时成绩评价体系，确立发言、组织讨论、优秀表现的奖励加分制度，激励学生参与课堂教学活动，促进教学良性互动。

附剧情简介：

《雪国列车》改编自获得 1986 年昂格莱姆国际漫画节大奖的法国同名科幻漫画原著，由韩国著名导演奉俊昊执导，韩国著名导演朴赞郁担任制片人。故事讲述 2031 年，人类试图阻止全球变暖的实验失败，极寒天气造成地球上绝大部分生命死亡。在冰河灾难中幸存下来的所有人登上了一辆如同诺亚方舟的列车，列车依靠永动机绕着地球不停行驶。"雪国列车"成了他们最后的归宿、最后的信仰、也是最后的牢笼。在这里，受尽压迫的末节车厢反抗者为了生存与尊严在革命领袖柯蒂斯的带领下，沿着一节节车厢向前突进，掀起了一场向车头进军的"革命"，同掌控这辆雪国列车的权利阶层展开斗争。

影片于 2013 年 8 月 1 日在韩国公映。首日观众 60 万 997 人次，刷新了韩国平日单片最高票房纪录。上映 38 小时后累计观影人次突破 100 万。影片获 2013 年第 56 届亚太电影节最佳美术奖、2014 年第 34 届韩国电影青龙奖最佳导演奖。

（作者简介：张忠民，广州城市理工学院马克思主义学院副教授。从事《马克思主义基本原理》等课程教学工作，积极开展线上线下混合式教学，曾获解放军军械工程学院优秀教员称号，出版专著 1 部，在《南开大学学报》等发表论文 20 余篇。）

第二节　资本主义的发展及其趋势

一、所在教材章节

第五章　资本主义的发展及其趋势

二、教学理念

以立德树人统领课程教学，树立理论为基、内容为王、问题导向、形式创新的教学理念。第一，采用线上线下相结合的混合式教学模式。第二，采用任务驱动、问题导向、小组合作，以学生为主体、教师为主导的多种教学方法。第三，因课、因生制宜，集学、做、思、用、谈为一体的综合培养。

三、教学目标

（一）线上教学方面

1. 知识目标

通过观看微课视频以及相关学习资料，并完成配套小结测验，掌握基本知识和基本理论。

2. 能力目标

通过课前观看微课视频，参加课程平台讨论，实现师生互动、生生互动。提高学生运用基本原理、立场、观点和方法以及全面、客观地认识和分析当前所遇到的社会问题的能力，进而激发学生学习兴趣，培养学生独立思考和解决问题的能力。

3. 价值观目标

学生在鉴赏与课程相关的作品（漫画、书籍、纪录片等）以及分析当前资本主义发生的大事时，能正确认识资本主义的发展规律、历史地位和发展趋势。

（二）线下教学方面

1. 知识目标

在学生通过课前学习基本掌握理论知识的前提下，在线下课堂中，运用多种活动方式，进一步帮助学生梳理重点难点，系统掌握资本主义发展的规律和发展趋势，坚定"四个自信"。

2. 能力目标

结合不同学生的专业背景，基于课程理论，通过影视赏析、案例分析、小组研讨、弹幕交流等方式，让学生进行多层次多维度的思考，促使学生把学习科学理论与专业知识结合起来，把专业所学和投身社会实践结合起来，提高学以致用、服务社会的能力。

3. 价值观目标

通过参与小组讨论、回答和提出问题、开展讨论和课堂辩论等环节，帮助学生正确认识当代资本主义的发展新变化及经济全球化，从而坚定走中国特色社会主义道路的信心，自觉为实现中华民族伟大复兴的中国梦而承担起应有的历史使命。

四、教学设计理念

基于普通本科大二学生特点和人才培养目标，将教学从单纯注重知识的传授转向重视对学生认知、情感和能力的培养上，将思想政治教育从知行分离转向知行统一，学以致用。具体突出如下三个方面：

（一）思想性

以"知识、能力、素质三位一体教育理念"和"意识、信念、责任三位一体的思想政治教育理念"为指导，提高学生的马克思主义理论知识素养，培养学生理论联系实际的意识及能力，强化学生服务社会、报效国家的责任意识和实践能力，坚定学生的中国特色社会主义自觉和自信。

（二）实践性

本章所讲授的理论知识是马克思列宁主义关于资本主义发展的一般规律。经济全球化背景下资本主义出现许多新变化，中国深度参与国际合作，让学生在亲身参加各种社会实践活动中认知和体会到当代资本主义的本质没有变，其被社会主义代替的历史命运没有变。

（三）针对性

普通本科院校学生有着自身的学习特点。因此，本章节在教学内容选取、教学方法、教学模式、教学评价等方面都要针对本科院校学生的自身特点以及专业特点。在线上授课资料选取中、线下教师讲授中都要结合专业，对典型案例进行重点分析，并注重学生在线上和线下教学中的参与感。做到符合学生特点、理论联系实际、理论联系专业、理论服务专业。

五、学情分析

（一）知识基础

通过前面三个学期思想政治理论课程的学习，学生基本掌握了人类社会发展的基本规律和分析问题的方法，知道了资本主义最终被社会主义取代的历史必然。但学习得并不深入，知识结构不成体系。

（二）能力基础

部分学生对目前的国际社会热点问题较为关注，但对资本主义的发展规律和中国改革开放道路融入国际社会没有实际感知。

初步掌握了辩证分析问题的能力，有一定的理性思考能力，但缺乏现实思维的思想高度和理论深度。

（三）素质基础

1. "00 后"思维活跃、意识自主、内心表达欲望强烈。

2. 对互联网、智能手机等新媒体工具很感兴趣，且使用熟练。

3. 生源类型多样，排斥灌输式教学，喜欢在实践活动中自主建构知识。

六、教学重点难点

（一）教学重点

1. 垄断资本主义的形成及其发展变化的特点和实质。

2. 资本输出与垄断资本的国际扩张。

3. 经济全球化的表现及其后果。

4. 当代资本主义的新变化及其实质。

5. 资本主义的历史地位及其为社会主义所代替的历史必然性。

（二）教学难点

1. 垄断利润的来源，垄断价格与价值规律的关系。

2. 国家垄断资本主义的形成、调控手段和实质。

3. 正确全面的经济全球化的二重作用。

4. 资本主义为社会主义所代替的历史必然性。

在线上教学方面（中国大学 MOOC 在线开放课程平台），以问题为导向设置六大微课视频：第一，资本主义的发展经历了什么？第二，垄断资本主义怎样"变脸"？第三，经济全球化的那些事。第四，资本主义向何处去？第五，国际金融危机经历了怎样的风雨路？第六，资本主义的下一站将驶向何方？以上旨在帮助学生基本理解资本主义发展规律的核心内容。

在线下教学中，设置多种师生、生生互动环节，对线上教学的知识进行巩固、补充和提升。线上线下相结合的课程教学能够使学生在掌握知识的基础上，提高梳理问题的逻辑分析能力，提升利用马克思主义观点和方法分析和解决问题的能力，进而形成正确的价值判断。

七、教学方法与手段

（一）线上教学方法与手段

本课程线上学习平台为中国大学 MOOC 网（www.icourse163.org）。在教学内容的选取方面，把教材体系转换为教学体系，有侧重地选取重难点知识，梳理出具有逻辑结构的问题链，让学生在解决问题中理解重要知识点。在教学方法上，教师以理论知识讲解为主线，结合漫画赏析、历史故事讲解、文艺作品展示等方式，激发学生学习兴趣。在线上微课视频学习后，学生将在线上进行章节测验以及问题讨论等学习任务，通过学、识、测、研等环节，基本掌握理论知识，提升了分析问题能力，形成自主学习的良好习惯。教师在线上引导和参与讨论，发布和批改作业与考试等。

（二）线下教学方法与手段

基于学情分析和人才培养目标，在线下教学中，本章节以问题驱动式教学策略为主，辅之以体验式教学策略、信息融合教学策略、协作学习教学策略。有效运用学习强国 APP、课程平台、微弹幕等信息技术，化解传统教学无法"内化于心、外化于行"的痛点；运用云班课获取教学动态数据，全过程有效监测，教师及时调整教学，引导学生逐步认知、认同与内化相关理论。

八、教学过程

（一）线上教学过程

通过课程公告，提前通知学生在什么时间完成本章节的线上学习任务。将学生进行分组，告知各组准备 10~15 分钟关于"2008 年国际金融危机以来资本主义发展的新变化"的小组展示任务。

依次安排学生在线上观看教学视频、学习教案和课件、完成章节测验、课内讨论和观看资料视频，并在讨论区参与讨论。

根据课程通知，准备线下课堂要进行的讨论和社会实践等教学任务。

（二）线下教学过程

1. 课堂导入

打开中国 MOOC 网站，展示本章线上学习任务，了解学生学习进度和知识掌握情况，简要回顾线上学习的内容。

2. 小组展示

根据课前对同学的分组，依次以小组为单位选派代表上台进行展示：2008 年国际金融危机以来资本主义发展的新变化。

3. 师生点评

针对小组展示内容进行学生点评，然后教师小结，讲解资本主义的发展规律及趋势。

4. 理论探讨

针对学生对马克思关于人类社会发展的一般规律的掌握情况，首先通过投屏选择题，引导讨论资本主义发展的一般过程，组织主题活动"资本主义的最终走向"，小组讨论后推举一名同学发言，引导学生正确认识资本主义被社会主义取代的历史必然性。播放教学视频：福山与"历史终结论"——资本主义为社会主义所替代的历史必然性。

5. 逻辑梳理

根据教材资本主义发展规律及其趋势理论的主要内容，结合线上学习后了解的基本知识，让学生分组制作本章节的思维导图并展示，相互点评，教师选出最完整最系统并且有深度的一组讲解。

6. 重点分析

播放视频"次贷危机的全球影响——经济全球化及其后果"，并开启视频弹幕功能，学生可以在弹幕中表达观看感受，学生之间可以互相点赞弹幕。引导学生从"次贷危机的影响"中分析经济全球化及其后果，理解"一带一路"战略。小组讨论经济全球化的后果。教师对小组讨论的问题进行理论分析。

7. 热点分析

在云班课中发布"新冠肺炎对世界主要国家的影响"讨论题目，学生在线发表观点。教师引导总结经济全球化的特点及影响，并回答"共产党为什么'能'"。

8. 启发总结

教师对本课程作教学小结，分析资本主义在人类发展历史进程中的重要地位，引导学生进入"社会主义发展及其规律"章节的学习。

九、练习设计

（一）线上教学方面

每个章节都有测验，学生必须完成测验而且成绩在 75 分以上才能提交，计入线上成绩。测验题型包括单选题、多选题和判断题。

线上视频学习后，学生需要在讨论区参与问题讨论，也可自主提出问题。对于回答问题有特点有深度的同学，教师和学生可以进行点赞，参与讨论次数、提出问题数量、师生点赞数都计入线上成绩。

学生在完成线上 70% 的学习任务后，才能参加期末线上考试，计入线上成绩。

（二）线下教学方面

设计课堂展示环节，让学生根据自己的兴趣点在课下寻找关于资本主义发展的案例并经过思考做成成果，向同学展示。在资料搜集中激发学生求知欲，在成果制作中提升逻辑思维能力和解决问题能力。

通过小组讨论、学生回答问题、生生互评、师生点评、教师理论分析等环节提高学生分析问题能力。在课中学生思维活跃，踊跃发言，带动课堂气氛，提升对思政课程学习兴趣。教师也可对表现良好的同学给予成绩鼓励。课后根据学生综合表现，给予相应的线下成绩，使得思政课教学效果可评可测。

通过视频观看、学生思辨、教师引导等环节将抽象的教学内容直观化，理论联系实际，历史联系当下，帮助学生理解资本主义发展的过程及趋势，提高学生价值判断能力，培育正确的价值观。

（作者简介：李根生，广州城市理工学院马克思主义学院教师，马克思主义理论教研室副主任。主讲《马克思主义基本原理概论》等课程，积极开展线上线下混合式教学改革，获得师生好评。）

第三节 共产主义崇高理想及其最终实现

一、所在教材章节

第七章 共产主义崇高理想及其最终实现

二、教学思路

以现有教材体系为依托，结合习近平有关科学社会主义的重要论述，深刻贯彻学习习近平新时代中国特色社会主义思想，运用在线资源引导学生课前预习、课堂学习，形成线上线下师生双主、师生互动、生生互动，以问题为导向的深度学习，翻转课堂，提升智慧教学，通过学生测试反馈和教师反思教学过程以提高教学实效性。

三、教学目标

本章主要教学目标是使学生学习和掌握预见未来社会的科学方法论原则，正确理解和把握共产主义社会的基本特征；深入理解共产主义实现的历史必然性和长期性；正确认识中国特色社会主义与共产主义的关系；强化对共产主义的认同，使学生自觉将个人理想与社会理想相统一。通过线上线下混合式教学完成如下具体教学目标：

（一）知识目标

1. 线上教学

学生通过线上平台观看教学内容视频、完成章节配套测验、拓展视频和文字资料等环节，掌握教材基本知识和基本理论。

2. 线下教学

学生通过线上平台达成基础知识学习目标，课前学习基本掌握理论知识，在线下课堂上，运用多种教学方式，帮助学生梳理重点难点，学生能正确处理共产主义远大理想与中国特色社会主义共同理想的关系，不辜负这个伟大的时代。

（二）能力目标

1. 线上教学

学生通过线上平台观看教师录制的慕课视频和教学视频，完成平台上的章节测验题，运用所掌握教材知识自我解决部分实际问题。

2. 线下教学

学生能够在课堂中针对教师所讲专题设置的问题进行分组讨论，各组现场交流共同寻求问题答案。

（三）素质目标

1. 线上教学

学生在线上平台观看教学视频等内容，在中国特色社会主义进入新时代与全面建设社会主义现代化国家的征程中，树立共产主义远大理想。

2. 线下教学

学生通过线下章节学习，坚定"四个自信"，深刻理解中国共产党为什么"能"、马克思主义为什么"行"、中国特色社会主义为什么"好"。

四、教学设计理念

传统教学存在如下困境：课程抽象、理论性强；学生人文基础薄弱；课后学习难以掌控；大班教学困难重重；理论实践脱节明显。为此，需要进行课堂改革，实现分层有序管理、大班小组教学、注重过程考核。第一，采用线上线下相结合的师生双主、任务驱动混合式教学模式；第二，以问题为导向，分组合作与讨论，突出问题意识；第三，破立结合，破解学生思想上的疑惑，以正确观点激励学生认同共产主义崇高理想及其最终实现；第四，说理与谈情、说爱相结合，达到政治认同、理论认同、思想认同和情感认同相统一。

五、学情分析

（一）线上教学分析

根据学校思政课课程设置，本课程授课于本科生二年级的第一学期，主要引用中国大学 MOOC（慕课）国家精品课程在线学习平台的慕课资源，针对该课程备课，观看重点大学的《马克思主义基本原理概论》慕课视频。为便于教学和实现章节教学目标，录制相关授课视频（时长 10 分钟左右），上传到学习通"我的课程"里供学生观看，同时自我录制部分视频。

为提高学习实效，在慕课视频中设置相应练习题，分设任务点，学生须完成视频中相应的题目任务才能继续观看视频，视频观看、知识点练习题等成绩计入期末的平时成绩（期末总成绩＝平时成绩 50%＋期末考试成绩 50%）。全部视频观看完成后还需要完成学习通作业选项的本次课的小节测验。教师通过超星学习通平台教师端后台数据了解学生观看视频情况，通过学生答题的正确率了解学生知识掌握的情况。在观看视频和做练习过程中，学生可以线上把自己的困惑和问题在班级群里提出并寻求解惑，同学们可以相互帮助、相互讨论、相互释疑，老师在线进行解答。

（二）线下教学分析

根据中央宣传部、教育部 2021 年 1 月制定发布的《新时代学校思想政治理论课改革创新实施方案》，新版"马克思主义基本原理"教材主要讲授反映马克思主义世界观和方法论的最基本的原理，帮助学生深刻领会、准确把握马克思主义的根本性质和整体特征，学习掌握贯穿其中的马克思主义立场、观点、方法，提升运用马克思主义基本原理分析世界的能力，增强对人类社会发展规律，特别是中国特色社会主义发展规律的认识和把握，树立共产主义远大理想和中国特色社会主义共同理想。本章节内容在教材中占据核心地位，必须在课堂中讲，而且要重点讲。

目前课程教学面临一些困境。首先，在整个教材教学中往往有教师在前几章节对唯物论和辩证法重点讲，对第三章历史唯物主义内容详细讲，但对第七章会简单化甚至直接忽略这一部分的内容，对教材内容前后学时把握不到位，做不到有始有终，善始善终，学期期末以考试为重，反而让学生粗略学习第七章节内容。一是教师本身吃不透相关教材内容和理论。教师要有信仰和情怀，要让有信仰的人来讲信仰，"欲人勿疑，必先自信"，这样才能讲得敞亮、讲得透彻、讲得深刻。其次，教师自身认为第七章共产主义内容作为最后一章是教材的结尾，应该将重点放在马克思主义哲学和马克思主义政治经济学的前五章内容。这两种观念必然对第七章讲述产生大问题。科学社会主义、共产主义学说是整个马克思主义的核心和纲领，忽略这部分的教学会使这门课的教学呈现"头重脚轻、虎头蛇尾"，不利于学生准确领会马克思主义的精髓，破坏课程教学的整体性，整个教材的教学实效性大打折扣；学生越困惑越不进脑入心的问题越应该成为教学的重点，授课教师更不应回避，而应该在提升自身马克思主义、习近平新时代中国特色社会主义思想理论水平的基础上，迎难而上、答疑释惑。

基于以上两个教学困境问题，教师要重视本章节的教学内容价值和教材体系地位，将其视为教材内容的教学重点。第七章的教学目标在于讲述共产主义理想的历史必然性，阐释共产主义远大理想和中国特色社会主义共同理想的有机统一关系，使学生树立共产主义理想信念，并解析马克思主义经典作家关于共产主义理论的本真认识，破解学生疑惑，讲清历史发展的传承性、理想的阶段性与实践性，完整把握共产主义理论，破除历史虚无主义影响。

六、教学重点难点

（一）教学重点

认识共产主义理想实现的历史必然性；理解共产主义理想实现的艰

巨性；深信中国特色社会主义是走向共产主义的现实道路。通过学生在"学习通"上线观看教学视频、完成视频中的练习题和小节测验，以及师生、生生在线讨论疑难问题来完成教学目标。

（二）教学难点

加强思想舆论引导，使新时代大学生坚信共产主义远大理想和中国特色社会主义共同理想的有机统一，解决好中国共产党为什么"能"、马克思主义为什么"行"、中国特色社会主义为什么"好"。

七、教学方法与手段

（一）线上教学方法与手段

本章教学使用的主要在线平台是中国大学 MOOC 网，使用学习通教学工具，辅之以教学班的微信群和抖音视频。在混合式教学的线上教学中，教师主要通过学习通上传知识点 PPT、小视频和测验题，供学习线上学习和答题。教师根据教学目标把教学内容分解为若干个知识点，制作短视频，视频素材来源于中国大学 MOOC 平台现有的同章节视频，或直接取材于学习通超星平台，或有教师本人直接录制授课内容小视频。学生在接收到学习通任务信息后即可观看视频，完成练习题和小结测验，学生在学习通班级讨论区进行线上提问，相互讨论，教师可在线上给予指导、答疑解惑。学生的在线表现记入平时成绩，最后计入期末成绩，通过线上讨论质量、任务点完成、在线分数、实践成果考核、实践参与度与贡献度等，为线下"课堂翻转"奠定基础。

（二）线下教学方法与手段

本章节教学采用线上线下混合式教学模式，使用学习通作为教学工具开展教学。课堂中教授借助于多媒体设置专题进行讲述，完成基本教学目标。同时，针对现实提供思考题，由各小组分组讨论，形成小组观点，最后进行课堂展示。

八、教学过程

（一）线上教学过程

通过学习通的"通知功能"发布课前学习信息，告知学生在规定时间完成课前预习，并完成线上学习计划内的任务。

通过学习通的首页、作业选项发布 PPT、小视频和章节测验题。

通过学习通统计选项的章节学习次数、章节测验、成绩管理和讨论功能查看学生完成任务中的视频、练习题、小节测验、在线提问和讨论等学习情况。通过统计选项中的教学预警功能，把未完成任务的同学作为提醒对象，予以告知，督促完成学习任务。

此外学习通活动选项中的抢答功能，用于课堂教学中设置的知识点题目，活跃课堂教学，便于学生掌握基础内容。

（二）线下教学过程

1. 总结线上学习

通过学习通的教师端了解学生完成线上学习完成情况，如果有同学还没有完成，可以通过提醒功能进行提醒。再通过学生完成视频中练习和小节测验的正确率和错误率数据来了解学生对理论知识的掌握情况，针对学生没有掌握的知识点在课堂上再重点讲解。

2. 导入翻转课堂

习近平明确指出："深刻认识实现共产主义是由一个一个阶段性目标逐步达成的历史过程，把共产主义远大理想同中国特色社会主义共同理想统一起来，同我们正在做的事情统一起来。"为什么必须把远大理想与共同理想统一起来？以这一问题导入课程，讲清共产主义理论的科学性和历史必然性，避免片面化、庸俗化认识共产主义的内涵、特征及其实现，还原马克思主义经典作家对共产主义的本真思想，消除对共产主义的歪曲和误读。

3. 引导教学重点难点

马克思预见共产主义社会的方法论原则。一是在揭示人类社会发展一般规律的基础上指明社会发展的方向；二是在剖析资本主义旧世界的过程中阐发未来新世界的特点；三是在社会主义社会发展中不断深化对未来共产主义社会的认识；四是立足于揭示未来社会的一般特征，而不可能对各种细节作具体描绘。

理解共产主义的四种维度。一是理论形态层面：共产主义是一种政治观点和思想体系。二是价值理想层面：共产主义是一种美好理想。三是现实运动层面：共产主义是一种"消灭现存状况的现实的运动"。四是社会制度层面：共产主义是一种社会制度。

实现共产主义是一个长期的历史过程。首先正确理解"两个必然"和"两个绝不会"的关系；其次要正确理解社会主义社会的充分发展和向共产主义社会过渡需要很长的历史时期。最后要充分认识在当代坚持共产主义理想的意义。

正确理解共产主义远大理想与中国特色社会主义共同理想。一是从时间上看，远大理想与共同理想的关系是最终理想与阶段性理想的关系。二是从层次上看，远大理想与共同理想的关系是最高纲领与最低纲领的关系。三是从范围上来看，远大理想与共同理想的关系也是全人类理想与全体中国人民理想的关系。教师强调：必须以辩证思维把握和处理远大理想和共同理想的关系，不能用简单化的态度来对待它，而是要用马克思主义的辩证思维和历史思维去把握它。

4. 分组讨论

习近平总书记指出："青年是标志时代的最灵敏的晴雨表，时代的责任赋予青年，时代的光荣属于青年。"一代青年有一代青年的历史际遇。当前中国特色社会主义进入新时代。这一崭新的时代，为当代大学生提供了实施人生才华的极为有利的历史机遇。新时代大学生应该怎样坚定共产主义的信仰，实现个人理想与社会理想的统一，投身于新时代中国特色社会主义伟大事业？

小组观点展示，分组进行打分。评分标准：

（1）主题理解明确，积极准备，内容积极健康。（2分）

（2）演讲者语言表达流利，思维前后逻辑，观点鲜明。（2分）

（3）时间掌握合理，语言雅美。（1分）

（4）对主题把握适当，分析具体全面合理透彻，逻辑观点一致。（2分）

（5）观点具有建设性和创新性。（1分）

（6）回答问题流利、迅速、简洁，准确。（1分）

（7）小组成员配合默契，准备充足。（1分）

该分计入平时成绩，如果学生不能正确作答，则由教师进行解答，小组成员现场自我总结发言。

5. 教师点评和总结

当代青年要积极投身新时代中国特色社会主义事业，勇做担当中华民族伟大复兴大任的时代新人。青年一代肩负历史重任，应该坚定共产主义信仰，敢于承担时代责任，勇于创造，做走在新时代前列的奋进者、开拓者、奉献者，以执着的信念、优良的品德、丰富的知识、过硬的本领，同人民群众一道放飞青春梦想。

6. 教学评价

教师要坚持问题意识和时代意识，不回避现实疑难问题，围绕学生困惑进行针对性解答，抽象理论与伟大新时代相结合，教学设计内容充实、资料丰富，可以取得预期教学成果。

九、练习设计

（一）线上教学方面

知识点 PPT、教学视频插入关联小知识点，章节测验练习题，题型含单选、多选和判断题，学生须完成练习题才能继续观看 PPT、视频并完成设置的观看要求。

设置相应小节测验上传学习通作业选项，作业主要是教学目标要求学生掌握的基本理论知识，以及检测学生解决实际问题的能力。小节测验的题型有单选、多选和判断题。小节测验作业不设置测试次数，学生可以多次重做提交，可以显示错题答案，可以设置重做时题目乱序，可以设置以最高成绩计入平时成绩。

每个学生须在学习通活动选项的讨论区参与讨论，可提出问题，可回答其他同学的问题，可以参与老师发布的讨论题目。例如：习近平鲜明地指出："当代青年要树立与这个时代主题同心同向的理想信念，勇于担当这个时代赋予的历史责任。"那么与时代主题同心同向的理想信念是什么？时代赋予当代大学生什么样的历史责任？以这些问题置入讨论区引发学生思考共产主义的理想信念，又如：当前有人提出共产主义理想是人类的一种自我麻醉，与宗教无本质差异，不具备现实性。在讨论区每位同学均可发言，并可翻阅其他同学发言，该部分计入平时成绩。

教学视频必须全部观看完成才能有这部分内容的成绩，该部分成绩计入平时成绩。

（二）线下教学方面

通过学习通线上练习题、小节测验检测学生对第七章基本理论知识的掌握，优化线下课堂教学活动和内容的展开，通过翻转课堂检验学生运用理论知识解决实际问题的能力。

线下教学，如对教材中"共产主义社会的基本特征"的详细阐述，可以导入习近平总书记的重要讲话，"共产主义绝不是'土豆烧牛肉'那么简单"。针对现实生活中人们对共产主义特征的认识误区，引导学生进行思考和讨论，阐述共产主义社会的基本特征，解释社会基本矛盾和社会结构，故采用师生双主，以问题为先导，采取任务驱动法，学生自主运用所学知识去完成设置的任务。准确认识社会关系高度和谐、人们精神境界极大提高，把握和理解只有共产主义才能实现每个人自由而全面的发展，人类从必然王国向自由王国飞跃，并检验学生沟通协作能力以及团队合作精神，检验学生语言表达、团队合作等其他方面的综合能力，给予学生相应的线下成绩，该成绩也将计入平时成绩。

翻转课堂是一场学习革命，课堂更活跃，学习更深入，效果更持久，促使学生由被动学习变成主动学习，在学习过程中感受教学形式和内容新颖有趣，提高学习兴趣，强化学习的时间观念和碎片式的学习方法，培养自我约束自我学习管理的能力，改变学习行为和学习惰性。

（作者简介：王文彦，广州城市理工学院马克思主义学院思政课教师，党支部副书记，形势与政策教研室副主任。主讲《马克思主义基本原理概论》《中国近现代史纲要》等课程，4次荣获校级优秀教师，主编著作1部。）

第二编

02

| 专科课程教学案例 |

第一章

《毛泽东思想和中国特色社会主义理论体系概论》 教学案例

第一节 导 论

一、所在教材章节

导论

二、教学理念

习近平在学校思想政治理论课教师座谈会上强调：办好思想政治理论课，最根本的是要解决好培养什么人、怎样培养人、为谁培养人这个根本问题。落实立德树人的根本任务，努力培养担当民族复兴大任的时代新人，培养德智体美劳全面发展的社会主义建设者和接班人。

（一）教育性教学

以立德树人为根本，以理想信念教育为核心，通过讲授马克思主义的理论魅力和实践价值，使学生能够从整体上对马克思主义中国化理论成果的科学内涵、理论体系，特别是中国特色社会主义理论体系的基本观点，具有正确科学的理解和深刻的认识，进而增强中国特色社会主义的自觉自信。

（二）实效性教学

坚持实事求是的原则和方法，将历史逻辑、理论逻辑和实践逻辑有机结合，如通过讲授"什么是马克思主义""马克思主义的理论品格"和"马克思主义与中国的关系"，证明马克思主义只有中国化才能救中国、发展中国、发展社会主义，紧密联系中国革命、建设、改革的实际（历史进程、历史变革、历史成就），联系学生的实际，帮助学生树立正确的历史观、世界观、国情意识、问题意识，增强分析问题、解决问题、学以致用的能力。

以学生为中心组织线上线下混合式教学，实现教学的力度、精度、温度的有机统一；学生与教师、理论与实际、线上与线下教学的有机统一；问题导向、目标导向和效果导向的有机统一。

（三）发展性教学

本门课程的主线是马克思主义中国化，从建党的开天辟地，到新中国成立的改天换地，到改革开放新时期的翻天覆地，再到新时代的惊天动地，这波澜壮阔的百年征途中，中国共产党不断开辟马克思主义在中国发展的新境界！充分体现了勇于自我革命、敢于改革创新，是马克思主义内在的理论要求，是中国共产党的鲜明品格。

作为思想政治理论课的主干课程之一，必须"与时俱进"，与时代同频共振，推进信息技术与传统优势相结合，坚持主导性和主体性相统一，落实学生主体观，以学生的个体发展为核心，通过导论部分的教学，学生在对马克思主义理论有整体性把握的基础上，感受马克思主义的理论魅力，深化爱党情感，厚植爱国情怀，提高理论思维能力，更好地把握国情、世情、党情和自身情况，增强"四个意识"，坚定"四个自信"，学以致用。

三、教学目标

本章教学的总目标是通过线上线下混合式教学，学生对马克思主义理论、马克思主义中国化的提出、马克思主义中国化的理论成果、开设"毛泽东思想与中国特色社会主义理论体系概论课"的目的等重要问题获得总体性的正确认识。

（一）知识目标

1. 线上教学方面

学生通过观看本章教学视频和纪录片、阅读推荐参考文献、完成章节测验等环节，实现对马克思主义理论、马克思主义中国化历史进程、马克思主义中国化理论成果的框架性认知。

2. 线下教学方面

在线上学习基本达成框架性知识构建目标的基础上，围绕学生在线上测试情况，对本章内容进行重点难点知识串讲，通过小组合作学习制作本章知识结构导图，进一步认识："什么是理论？""理论的核心要素有哪些？""理论与历史发展的关系是什么？""什么是马克思主义？""马克思主义中国化的历史进程是怎样的？""马克思主义中国化的理论成果及其理论主题、核心观点、闭环体系是怎样的？"。

（二）能力目标

1. 线上教学方面

学生通过在线上观看教学视频，参加课程平台主题讨论、课程前测问卷等，初步尝试在已有认知基础之上分析问题，并通过课程开设之初的政治理论学习能力测评问卷，引导学生科学洞察自身在本课程学习之初的能力水平，同时结合问卷中重要的测评维度有方向、有目标地推进本课程的理论学习和能力提升。

2. 线下教学方面

教师有意识地营造充满活力的讨论场域，注重培养学生的发散思维、逆向思维、批判思维，鼓励学生用自己的认知结构、独特视角，对线上主题讨论及其延伸问题大胆发问，教师通过对话、引导、评析等方式，提升学生运用马克思主义理论和方法分析问题的能力，帮助学生形成创新思维，开展创新实践。其次，在翻转课堂上，对线上课程前测问卷中呈现的普遍问题进行解析，进一步帮助学生明晰能力提升目标。

（三）价值观目标

1. 线上教学方面

学生在线上教学视频学习以及主题讨论参与，在磨炼分析问题能力的同时，形成正确的世界观、人生观、价值观。

2. 线下教学方面

学生在翻转课堂上，通过小组合作学习、回答和提出问题、教师引导分析等环节，初步形成有历史纵深、有家国情怀、有世界视野的高维度认知，提升价值判断能力。在未来职业生涯中，学生能够自觉为实现中华民族伟大复兴的中国梦而奋斗。

四、学情分析

（一）知识基础

通过中学政治课以及前导课程的学习积累，学生对马克思、马克思主义理论、马克思主义中国化等方面的知识内容已有一定程度的认知，初步奠定了本门政治理论课学习的知识基础但缺乏系统性认知。

（二）素质基础

新时代大学生具有鲜明的群体性特征，即 2000 年后出生的大学生是与互联网等信息技术共同成长的一代人，偏好互联网遨游冲浪的自由，偏好以互联网为媒介的沟通合作，认知和表达常常是感性化、即时性、碎片化的。

教师应当通过充分借助互联网等现代信息技术，整合优质教学资源，最大限度获取学生注意力，整合学生碎片化认知，提升学生理论思维品质，坚定学生理想信念。教师应当通过线上线下混合式的精心设计、科学引导、恰当鼓励，激发学生的主体性，提高学生的参与度，提升教学的实效性，还可以通过发现思维活跃、表现出众的学生，重点持续跟踪培养，协助教师开展课程教学和研究，发挥这一部分学生以点带面的示范引领作用，进一步增强学生的满足感和获得感。

五、教学重点难点

（一）教学重点

1. 马克思主义的理论魅力和实践价值

什么是马克思主义？它是怎样的一个理论体系？马克思主义的理论品格是什么？马克思主义为什么是"伟大的认识工具"和"强大的思想武器"？为什么说马克思主义自诞生以来就始终"占据着真理和道义的制高点"？马克思主义与中国的关系是什么？

2. 马克思主义中国化概念的提出及其历史经验

重点讲授马克思主义中国化事实上是在同各种各样的主观主义、形式主义的错误进行批判和斗争中进行的，以及其中教条主义和经验主义的表现、本质和危害是什么？

3. 开设"毛泽东思想与中国特色社会主义理论体系概论课"的目的

对马克思主义中国化进程中形成的理论成果有更加准确的把握；对中国共产党领导人民进行的革命、建设、改革的历史进程、历史变革、历史成就有更加深刻的认识；对中国共产党在新时代坚持的基本理论、基本路线、基本方略有更加透彻的理解；对运用马克思主义立场、观点和方法认识问题、分析问题和解决问题能力的提升有更加切实的帮助。

（二）教学难点

近代以来，积贫积弱的中华民族饱受帝国主义列强欺凌，中华民族一刻也没有放弃反抗、斗争与民族复兴道路的探索，最终选择了马克思主义。那么如何理解历史经验证明马克思主义只有实现中国化才能救中国、发展中国、发展社会主义？

马克思主义中国化理论成果形成过程中，如何实现了两次历史性飞跃？通过理论逻辑、历史逻辑和现实逻辑的统一，呈现中国共产党是一个勇于自我纠正错误、勇于自我革命的政党。

为了让学生更好地掌握知识、提升分析问题的能力和形成正确的价值判断，在线上教学方面，设置问题链条：你认识马克思吗？什么是马克思主义？马克思主义理论品格是什么？马克思主义理论为什么有经久不衰的魅力？近代中国为什么会选择马克思主义？马克思主义为什么要中国化？马克思主义中国化的含义是什么？马克思主义中国化的理论成果是什么？本门课程的主线和重点内容是什么？本门课程的学习要求和目的是什么？线下教学是线上教学的巩固、补充和提升，是课程教学高阶性、创新性和挑战度的体现，教学难点是需要讲清讲透的关键问题。

六、教学方法与手段

（一）线上教学方法与手段

本课程线上学习平台为超星学银在线。教师提前发布课程通知，指导学生进行线上学习：观看教学视频、完成章节测验、开展讨论、提交主题实践作业、参加期末线上考试等。教师提出问题，引导学生思考和讨论，对高质量的问题和回帖给予点赞点评等。通过线上教学，初步达成知识、能力、价值观"三维一体"的教学目标。

（二）线下教学方法与手段

本课教学采用"翻转课堂"教学模式，使用超星学习通作为教学工具，开展智慧教学。在学生线上学习的基础上，师生开展实时交流，有针对性地解决学习问题，实现教学目标。教师提问和学生提问、讨论、互评基于学习通智慧教学工具，小组讨论与合作学习基于其他互联网工具，利用"互联网+"的融合教学模式完成整个教学活动。

七、教学过程

（一）线上教学过程

1. 课前发布通知，告知学生在规定时间内完成本章线上学习任务。

2. 安排学生在线上观看章节教学视频、课件，完成章节测验、讨论、主题实践作品制作与提交等。

3. 根据课程通知要求，请学生准备翻转课堂将进行的讨论等学习任务。

(二) 线下教学过程

1. 知识串讲

简要回顾已经学习的内容，说明本章"翻转课堂"教学重点和课程通知的主要任务，导入"翻转课堂"教学。

2. 深化重点

利用学习通上本章测验、讨论的统计数据，了解学生对"马克思主义"的认知。分组讨论第一个问题链，马克思主义的理论品格是什么？马克思主义理论及其创建者马克思为什么在当代仍然具有强大魅力？每小组经内部讨论，形成组内共识，推举一名同学做重点发言，教师点评，引导学生正确认识马克思主义理论的特质，并通过学习通中的评分和投票等形式记录学生成绩。

3. 突破难点

用学习通上本章测验、讨论的统计数据，了解学生对马克思主义中国化背景及提出的掌握情况，之后基于"器不如人—技不如人—制不如人—思想不如人"的脉络简要回顾近代以来中国进步分子的历史选择，中国先进的知识分子从马克思列宁主义的科学真理中看到了解决中国问题的出路和希望，积极推动马克思主义在中国的传播，并创立了中国共产党。

4. 随堂练习

利用学习通开展随堂练习，了解学生对"两次历史性飞跃"和"两大理论成果"的掌握情况，进一步引导学生运用科学的认识方法，即在马克思主义中国化的历史进程中，中国共产党经历了怎样的曲折以及如何实现了历史性飞跃。

5. 合作学习

让学生分组制作马克思主义中国化的理论成果形成的时间、理论主题、核心观点、闭环体系构成的"理论简图",选取优秀作品作为范例,小组互评、教师点评,分析各组作品的系统性和准确性等,在这个过程中提升学生的思维品质。

6. 教学回顾

教师对本章教学回顾总结马克思主义中国化的历史脉络和理论成果,明确党和国家的指导思想和本课程的学习要求、目的,引导学生进入"毛泽东思想及其历史地位"章节的学习。

八、练习设计

(一)线上教学方面

以任务驱动方式,在教学视频中插入闯关问题(单选题、多选题和判断题),学生必须回答并正确回答才能继续观看视频,学习任务计入线上成绩。

章节末尾安排本章教学中涉及的基本知识测验,题型包括单选题、多选题和判断题。学生须完成测验且成绩在及格分以上方可提交,计入线上成绩。

每个学生必须参与线上主题讨论,根据回复数量和质量计入线上成绩。

安排主题实践:"'回顾百年历程,讲好党的故事'学生讲党课活动",作品拍摄成小视频,上传平台,小组互评与教师点评相结合,计入线上成绩。

(二) 线下教学方面

知识掌握在线上学习阶段基本完成，在翻转课堂上通过有重点的随堂练习，对基本知识和理论给予巩固和补充，如在讨论分析的过程中师生一起给出知识点表述和认知。

梳理和呈现本章问题：什么是马克思主义？马克思主义理论为什么有经久不衰的魅力？近代中国为什么会选择马克思主义？马克思主义为什么要中国化？马克思主义中国化的含义是什么？马克思主义中国化的理论成果是什么？本门课程的内容框架和逻辑脉络是什么？本门课程的学习目的是什么？通过小组合作学习、学生提问和回答问题、教师评析等环节，培育正确的价值观，提高学生分析问题能力。

依据上述教学过程中学生在知识、能力、价值观方面的综合表现，给予学生相应的线下成绩。

(作者简介：郭宇，内蒙古建筑职业技术学院教授。内蒙古自治区优秀思想政治理论课教师，参与国家精品在线开放课程《中国近现代史纲要》课程建设，为省级立项在线开放课程《新时代中国特色社会主义理论与实践》主讲人，主持省级以上教学研究项目3项，在《思想理论教育导刊》等发表教学科研论文20余篇。)

第二节 新民主主义革命理论

一、所在教材章节

第二章 新民主主义革命理论

二、教学理念

(一) 教育性教学

以立德树人为根本，以理想信念教育为核心，通过讲授新民主主义革命理论的形成依据、主要内容（总路线、纲领、道路、基本经验）和重要意义，学生深刻认识到，只有以马克思主义理论为指引的中国共产党，才能真正带领中国人民"站起来"，只有将马克思主义中国化，才能找到引领中国革命取得胜利的正确道路。培养学生对马克思主义理论的坚定信念，在新时代继承和弘扬革命精神，为实现第二个百年目标贡献力量。

(二) 实效性教学

坚持历史逻辑、理论逻辑和实践逻辑结合，将历史经验与当下实际形成对照。通过讲授新民主主义革命理论形成的时代背景和理论依据，学生深刻理解"时代是思想之母，实践是理论之源"，引导学生牢固树立唯物主义认识论的基本立场；通过讲授新民主主义革命理论的形成和内容，学生深刻认识中国共产党坚持和善于将马克思主义中国化，探寻指引中国革命走向胜利的正确道路，引导学生树立认识把握国情、一切从实际出发、理论联系实际的观点；通过讲授新民主主义革命理论的历史贡献和伟大意义，学生深刻认识科学理论对于革命实践的重要性，提高对理论学习的兴趣，掌握一定的理论思维方法，提升理论思维的水平。通过以上三个方面，保证教学的实效性。

（三）发展性教学

贯彻以人为本原则，以学生为主体，以学生发展为核心。通过本章知识讲授、能力培养、价值引导，学生在掌握知识的基础上，坚定历史唯物主义基本立场，坚持实事求是的思想路线；深刻认同中国共产党是以马克思主义理论为指引、以实现中华民族伟大复兴为历史使命的政党，增强爱党情感。学生深刻认识到，中国共产党历史上就是敢于并善于发展新理论、探索新道路并取得胜利的政党，历史为当下提供了有力的证明，有助于学生进一步增强"四个自信"，实现学生的全面发展。

三、教学目标

（一）知识目标

1. 线上教学方面

学生通过观看微课视频、学习教案和课件、完成章节测验、阅读拓展资料等环节，准确把握近代中国国情及新民主主义革命的基本含义、总路线、基本纲领、革命道路和基本经验等理论知识。

2. 线下教学方面

在线上学习基本达成知识掌握目标的基础上，通过教师讲授、师生问答、小组讨论、合作学习等环节，加深对基本理论知识的理解，澄清认识误区。

（二）能力目标

1. 线上教学方面

学生通过在线上观看微课教学视频、参加课程平台上教师主导的课内讨论，以及完成作业和考试等，能够运用唯物主义观点分析新民主主义革命理论的形成；能够准确把握新旧民主主义革命的异同，特别是新民主主义革命的性质和前途；能够分析新民主主义革命纲领中体现出的中国共产党的性质宗旨。

2. 线下教学方面

学生通过聆听教师解答线上提问、参与师生讨论、学生小组讨论等方式，能够从唯物史观角度深刻理解近代中国革命的根本任务，能够分析新民主主义革命总路线中体现的马克思主义立场和方法，能够以实践的观点认识新民主主义革命道路的形成及其科学性，提升学生用马克思主义观点分析问题的能力。

（三）价值观目标

1. 线上教学方面

学生在线上观看主讲教师教学视频以及参与线上讨论，在提升分析问题能力的同时，深刻理解中国共产党领导中国革命取得最终胜利的历史必然性。

2. 线下教学方面

学生在翻转课堂上，通过参与小组讨论、回答和提出问题、开展讨论和辩论等环节，在提升分析问题能力的同时，深刻理解马克思主义理论的科学性、真理性及其对于指导革命实践的重大意义，深刻认同中国共产党为中国人民谋幸福、为中华民族谋复兴的崇高历史使命，深刻感受中国共产党实事求是、勇于创新的品格和排除万难、不懈奋斗的革命精神。

四、学情分析

（一）线上教学分析

本课程教学对象为高职一年级学生，通过中学历史学习，学生对中国近代社会性质、新旧民主主义革命的分期和主要异同、新民主主义革命的道路等知识有一定的了解和掌握，故可以采取线上自学基本理论知识，线下集中讨论答疑的方式开展教学。

为了保证每位同学都能达成教学目标，学生可以在预习教材、在线上学习教案和课件以及观看历史资料视频的同时，反复观看教学视频，并通过完成视频内插入的题目和完成章节测验等掌握知识，提升分析问题的能力。

线上教学基本上可以解决学生的知识掌握问题，并在观看教师交互讨论的教学视频的基础上，提升分析问题的能力，初步形成正确的价值判断。

线上平台提供较为丰富的微课视频、习题、拓展学习资料，满足学有余力的同学进一步丰富知识，开拓思维、提升能力，适应个性化学习需求。

（二）线下教学分析

现在的高职学生已经处在互联网时代，特别是经过 2020 年疫情期间的线上学习，学生能够很快适应线上线下混合式教学，可以开展线下"翻转课堂"教学模式改革探索。

为保证每位同学都能积极参与翻转课堂，要求学生首先要完成本章内容的线上学习，为顺利地参与到"翻转课堂"教学做好准备。

高职学生在基础知识和理论思维方面相对薄弱，很多学生思维又比较活跃，甚至有些"天马行空"，既会提出一些新颖的问题，也容易产生思想认识上的误区。教师应当对线上学习情况进行仔细分析，全面掌握学情，精心准备课堂教学内容。线下教学主要围绕重难点问题和学生的兴趣点、困惑点展开，精心设计和鼓励引导，学生积极参与"翻转课堂"教学各项活动中。

五、教学重点难点

（一）教学重点

近代中国革命的任务：近代中国的社会性质和主要矛盾、近代中国革命的根本任务。

近代中国革命道路的必然性：半殖民地半封建社会的近代中国国情，决定了中国革命的主要形式只能是武装斗争；近代中国是农业大国，无产阶级必须组织发动农民，获得农民的支持和参与。

近代中国革命道路的可能性：近代中国是多个帝国主义间接统治的经济落后的半殖民地国家，社会政治经济发展极端不平衡，为党在农村开展革命斗争、建设革命根据地提供了可能；人民革命愿望强烈，革命的群众基础好；全国革命形势的继续向前发展；相当力量的正式红军的存在；党的领导的有力量及其政策的不错误。

新民主主义革命的特点：新民主主义革命的领导阶级是无产阶级，指导思想是马克思主义，时代背景是无产阶级革命时代，前途是社会主义和共产主义。近代中国革命要分两步走。

新民主主义革命的总路线：革命对象是帝国主义、封建主义、官僚资本主义；革命动力是无产阶级、农民阶级、城市小资产阶级和民族资产阶级；领导力量是无产阶级；性质是资产阶级民主革命；前途是社会主义而不是资本主义。

（二）教学难点

通过与旧民主主义革命和社会主义革命的比较，完整准确把握新民主主义革命的内涵；并进一步理解为什么中国革命要分两步走。

通过对近代中国各阶级的分析，帮助学生理解新民主主义革命的对象和动力。

结合近代中国国情分析和《中国的红色政权为什么能够存在?》等经典文献分析，讲解中国革命走工农武装割据道路的可能性。

为了让学生更加清晰准确地掌握基本概念、基本知识，提升自学能力和分析问题的能力并形成正确的价值判断。设置了一些问题让学生预先思考，并鼓励在教学平台上发表看法：

1. 马克思、列宁等提出过新民主主义革命的概念吗？其他国家历史上是否也有过新民主主义革命?

2. 将帝国主义、封建主义、官僚资本主义确定为革命的敌人的依据是什么？同样是资产阶级，为什么官僚资本主义是革命的敌人，小资产阶级和民族资产阶级是革命的动力?

3. 为什么在革命低潮时期，毛泽东就能够预言革命在不久的将来必将取得胜利?

线下教学是线上教学的巩固、补充和提升，是课程教学高阶性、创新性和挑战度的体现。核心目标是在学生掌握知识的基础上，把握近代中国国情，掌握中国革命的内在规律，坚持实事求是思想路线，感受科学理论的巨大力量，增强对党的性质宗旨、初心使命的理解和认同，坚定对党带领中国人民所选择的道路的信心。

六、教学方法与手段

（一）线上教学方法与手段

本课程线上学习平台为优课联盟课程网站（www.uooc.net.cn）。教学内容方面进行了重构，把教材内容体系转换为教学内容体系。在教学方法上，学生进行线上学习，通过观看教学视频，完成测验、开展讨论等教学任务，基本达成知识、能力、价值观"三维一体"的教学目标。教师在线上引导和参与讨论、发布和批改作业与考试等。

（二）线下教学方法与手段

本章教学采用"翻转课堂"教学模式，使用超星学习通作为教学工具，开展智慧教学。在学生线上学习的基础上，主要以师生问答互动、交互讨论、合作学习、小组讨论、辩论、生问生答、生生讨论、生生互评等方式组织和开展教学，利用移动互联网+教学和智慧课堂的形式完成整个教学活动。

七、教学过程

（一）线上教学过程

通过课程公告，提前通知学生本章线上学习任务和完成时间，保证学生学习的时间和节奏。

依次安排学生在线上观看教学视频、学习教案和课件、完成章节测验、课内讨论和观看历史资料视频，并在讨论区提出和回答问题，参与综合讨论。

根据课程公告，准备翻转课堂要进行的讨论、汇报等教学任务。

（二）线下教学过程

课前登录线上学习平台，了解学生学习进度和知识掌握情况，汇总学生讨论中的典型问题，根据班级线上学习情况调整线下教学设计和策略。

课上打开网站，简要回顾和总结线上学习的内容，通报并点评同学们在线学习的情况，对表现优异的同学进行表扬和激励，对表现欠佳的同学进行督促和鼓励。

明确本章课堂学习重点内容和教学主要任务，导入翻转课堂教学。设计如下：

教学环节	教学内容	师生活动
学生汇报	第二章内容体系和逻辑结构概述	● 学生以小组为单位，根据教材第二章《新民主主义革命理论》内容制作思维导图，并请一位同学进行不超过5分钟的讲解。 ● 学生讲解完毕后，由教师进行点评。 ● 通过该活动，检验学生通过自学对教材内容及内在逻辑的把握程度并加深印象。
疑点问题探讨	准确理解新民主主义革命的根本任务	● 通过教学平台开展投票：新民主主义革命的根本任务就是推翻"三座大山"，你赞同这样的说法吗？ ● 分别请持"赞同"和"不赞同"意见的学生陈述理由，并组织辩论。 ● 教师点评并进行引导，帮助学生理解：推翻"三座大山"是中国革命的任务，但根本任务是扫除阻碍生产力发展、人民自由民主的障碍。暴力革命是途径和手段，革命的最终目的是为了推动社会发展进步，从而在唯物史观角度深层次理解中国革命的任务。

续表

教学环节	教学内容	师生活动
难点问题探究	准确把握新民主主义革命内涵	● 请学生分组汇报： 1. 新民主主义革命与旧民主主义革命相比有何异同？ 2. 新民主主义革命与西方资产阶级革命相比有何异同？ 3. 新民主主义革命和俄国十月革命相比有何异同？ ● 在学生汇报基础上，通过在线平台组织"头脑风暴"，请学生从时代背景、革命对象、领导阶级、指导思想、历史任务和前途几个角度，总结新民主主义革命的特点。
疑点问题澄清	中国共产党领导的新民主主义革命，为什么仍然是资产阶级民主革命	此问题有一定难度，需主要由教师进行讲授。教师结合中共二大的相关内容，简要地向学生讲明：中国共产党为中国革命制定了"两步走"的战略，第一步即新民主主义革命，目标是反帝反封，对民族资本主义还要保护发展而不是消灭，所以仍然是资产阶级民主革命，但又不同于旧式的资产阶级民主革命。新民主主义革命的下一步是社会主义革命。两者好比是一篇文章的"上篇"和"下篇"。
重点问题探讨	新民主主义革命的对象和动力	● 组织学生讨论：同样是资产阶级，为什么官僚资本主义是革命的敌人，小资产阶级和民族资产阶级是革命的动力？ ● 在点评学生讨论的基础上，教师进一步讲解：对革命对象和动力的划分，基本方法是阶级分析，分析他们对革命的态度，以及是否能够促进中国生产力发展和推进政治民主为根本依据。反映的是历史唯物主义的立场和方法。
重点难点问题探讨	"农村包围城市，武装夺取政权"革命道路的必然性和可能性	● 请学生根据已有知识和自学成果，分析中国革命走"农村包围城市、武装夺取政权"的必然性。 ● 由教师提供系列史料，并结合毛泽东《中国的红色政权为什么能够存在》中的精辟分析，在引导学生分析和思考中讲授中国革命道路为什么是可行的。 ● 在此基础上，引导学生深刻理解马克思主义认识论观点。

教学环节	教学内容	师生活动
启发思考、升华认识	科学理论的力量	• 请学生朗诵《星星之火，可以燎原》节选，并请同学们思考：为什么在革命低潮时期，毛泽东就能够预言革命在不久的将来必将取得胜利？并请学生发表看法。 • 教师引导学生认识到：毛泽东能够在革命低潮时预言革命在不久的将来必将取得胜利，是因为毛泽东对未来的判断，建立在以马克思主义理论为依据对中国国情的精准分析之上，由此可见科学理论对于指导革命实践的重大意义，准确把握国情对于制定正确的路线方针的重大意义。 • 在此基础上，充分认识到马克思主义理论科学性真理性，培养学生学习马克思主义理论的热情，进而增强对中国化的、发展了的马克思主义理论的坚定信心。
总结升华	学习本章内容的感想和收获	• 组织学生在学习平台上围绕以下问题进行思考并谈谈感想： 1. 马克思、恩格斯、列宁等都没有提出过新民主主义革命的概念，但中国共产党提出了这一概念，并形成了新民主主义革命理论且指引革命取得成功，这说明什么？ 2. 从中国共产党独立自主地探索出一条适合中国国情的革命道路中，你受到什么启发？ 3. 从中国共产党成立到中华人民共和国成立，28 年坚苦卓绝的斗争最终取得了伟大胜利，但中国共产党也做出了巨大的牺牲。由此可以看到，中国共产党的初心使命是什么？2021 年将迎来建党一百周年，回顾百年党史，中国共产党的这一初心使命是否有变化？ • 教师进行总结：中国共产党将马克思主义基本原理与中国国情相结合，解决中国革命实际问题，只有马克思主义和中国共产党才能救中国；中国共产党善于从实际出发，实事求是，发展和创新马克思主义理论，探索适合中国的革命道路；中国共产党的初心和使命，就是为中国人民谋幸福、为中华民族谋复兴，历经百年，这一初心使命从未动摇。要坚持党的领导，坚定"四个自信"。 • 历史与当下相结合，理性认识与情感共鸣相结合，增强教学的实效性。
布置任务，预习新课	开展第三章内容的线上学习	要求学生完成第三章线上学习任务。

（作者简介：李同乐，杭州科技职业技术学院副教授，博士。从教近10年，主讲"思想道德修养与法律基础""毛泽东思想和中国特色社会主义理论体系概论"等课程。近年来带领团队持续推进"四化合一"教学改革，主持市级精品课程1项，省级科研项目1项、课程改革项目1项，厅局级及以下各类项目多项，出版学术专著1部。2019年入选杭州市思想政治理论课"领雁计划"，2020年获省教育厅立项的思想政治理论课"名师工作室"。）

第三节　邓小平理论

一、所在教材章节

第五章　邓小平理论

二、教学理念

以"立德树人"根本目标统领课程教学，坚持"八个相统一"的课程改革方法论，树立理论为基、内容为王、问题导向、形式创新的教学理念。从高职学生的特点和人才培养方案出发，在教学中坚持"理论传授"和"实践体悟"并行，引导学生在"学中做，做中学"。

（一）找准定位

高职教育是为社会培养具有较强专业能力和创新实践精神的技术技能型人才，因此高职的思政课不是培养政治理论研究者，而是培养政治正确、思想端正的技术技能型人才，这也决定了课程的主要任务是在确保思想政治理论传授的同时培养学生爱岗敬业、肯于钻研、勇于创新的精神。

（二）突出特色

设计本章节的理论教学任务和实践教学项目，实践教学项目中注重结合具体专业特点设计学生的课程项目任务，并与党的路线、方针、政策紧密联系，从而促使学生在"学中做、做中学"，提高学生理论联系实际、分析和解决现实问题的能力。

（三）增强实效

坚持马克思主义与时俱进的理论品质，改变传统思想政治理论课课堂教学模式，通过问题链教学法（即教学流程问题链、教学内容问题链、教学探析问题链），采用线上线下混合式教学模式，将课程内容与现代信息技术有效融合，在课堂中结合高职学生个性发展规律，最大限度地调动学生参与课堂的积极性、主动性，从而提高教学的针对性和实效性。

三、教学目标

（一）线上教学方面

1. 知识目标

通过观看微课视频及相关学习资料完成配套小结测验，掌握基本知识和基本理论。

2. 能力目标

通过课前观看微课视频，参加课程平台上教师主导的讨论，实现师生互动、生生互动。提高学生运用基本原理的立场、观点和方法，全面、客观地认识和分析当前所遇到的社会问题的能力，进而激发学生学习兴趣，培养学生独立思考和解决问题的能力。

3. 素质目标

学生在鉴赏与课程相关的作品（漫画、书籍、纪录片等）中，初步形成对党的基本理论、基本路线、基本方略的理解和认同。

（二）线下教学方面

1. 知识目标

学生通过课前学习基本掌握理论知识的前提下，在线下课堂中，运用多种活动方式，进一步帮助学生梳理重点难点，系统掌握邓小平理论形成的时代条件、主要内容和历史地位。

2. 能力目标

结合不同学生的专业背景，基于课程理论，通过漫画赏析、案例分析、小组研讨、弹幕交流等方式，让学生进行多层次多维度的思考，促使学生把学习科学理论与专业知识结合起来，把专业所学和投身社会实践结合起来，提高学以致用、服务社会的能力。

3. 素质目标

通过参与小组讨论、回答和提出问题、开展讨论和课堂辩论等环节，促使学生在未来职业生涯中，坚定不移地走中国特色社会主义道路，自觉为实现中华民族伟大复兴的中国梦而承担起应有的历史使命。

四、教学设计理念

基于高职学生特点和人才培养目标，将教学从单纯注重知识的传授转向重视对学生认知、情感和能力的培养上，将思想政治教育从知行分离转向知行统一，学以致用。具体突出如下四个方面：

（一）思想性

以"知识、能力、素质三位一体的一般教育理念"和"意识、信念、责任三位一体的思想政治教育理念"为指导，提高学生的马克思主义理论知识素养，培养学生自主学习和理论联系实际的意识及能力，坚定学生的中国特色社会主义信念，强化学生服务社会、报效国家的责任意识和实践能力。

（二）人本性

树立以"学生为本"的教学理念，注重人文关怀和心理疏导，尊重学生，一切从满足学生的成长成才需要出发，一切以促进学生的思想政治素质提高及个体的和谐发展为目的，从知、情、意、行等方面磨炼并培养学生的政治素质和综合素质。

（三）实践性

本章节所讲授的理论知识体现了党对中国建设和改革实践的深刻思考和科学总结，与社会现实的联系非常紧密，必须遵循理论联系实际的原则，让学生在亲身参加各种社会实践活动中认知和体会到邓小平对"什么是社会主义、怎样建设社会主义"的理论创新。

（四）针对性

高职学生有着不同于普通本科院校学生的学习特点，培养模式也不同于普通本科院校。因此，本章节在教学内容选取、教学方法、教学模式、教学评价等方面都要针对高职学生的自身特点以及专业特点。在线上授课资料选取中、线下教师讲授中都要结合专业，对典型案例进行重点分析，并注重学生在线上和线下教学中的参与感。做到符合学生特点、理论联系实际、理论联系专业、理论服务专业。

五、学情分析

（一）知识基础

通过中学政治课以及前导课程的学习，学生基本了解党在社会主义初级阶段的基本路线、社会主义的基本特征和社会主义的体制、邓小平提出的改革开放理论等相关知识，但学习得并不深入，知识结构不成体系。

（二）能力基础

部分学生对目前的社会热点问题较为关注，对中国特色社会主义改革开放道路的探索过程没有实际感知。

初步掌握辩证分析问题的能力，有一定的理性思考能力，但缺乏思想高度和理论深度。

（三）素质基础

1. 00 后思维活跃、意识自主、内心表达欲望强烈。

2. 对互联网、智能手机等新媒体工具很感兴趣，且使用熟练。

3. 生源类型多样，排斥灌输式教学，喜欢在实践活动中自主建构知识。

六、教学重点难点

（一）教学重点

1. 邓小平理论形成的条件

和平与发展成为时代主题是邓小平理论形成的时代背景。社会主义建设的经验教训是邓小平理论形成的历史根据。改革开放和现代化建设的实践是邓小平理论形成的现实依据。

2. 邓小平理论回答的基本问题

"什么是社会主义、怎样建设社会主义",是邓小平在领导改革开放和现代化建设这一新的革命过程中,不断提出和反复思考的首要的基本的理论问题。

3. 贯穿邓小平理论的思想路线

解放思想、实事求是,是我们党的思想路线。这一思想路线有力地推动和保证了改革开放的进行,体现了辩证唯物主义和历史唯物主义的世界观和方法论,体现了革命胆略和科学精神的统一,是邓小平理论活的灵魂,是邓小平理论的精髓。

4. 党在社会主义初级阶段的基本路线

领导和团结全国各族人民,以经济建设为中心,坚持四项基本原则,坚持改革开放,自力更生,艰苦创业,为把我国建设成为富强、民主、文明、和谐、美丽的社会主义现代化强国而奋斗。

5. 邓小平理论的历史地位

第一,马克思列宁主义、毛泽东思想的继承和发展。第二,中国特色社会主义理论体系的开篇之作。第三,改革开放和社会主义现代化建设的科学指南。

(二)教学难点

结合历史实情分析邓小平为何把解放生产力、发展生产力作为社会主义的根本任务,帮助学生理解生产力是社会发展最根本的决定因素。

通过学习邓小平提出的"三步走"战略,培养学生发散思维,联系实际体会"台阶式"发展思想的实践性,理解发展战略在不同阶段得到深化和具体化的科学性。

通过梳理邓小平理论改革开放理论的理论逻辑、历史逻辑和现实逻辑，学生体会改革是社会主义社会发展的直接动力，它的实质和目标是要从根本上改变束缚我国生产力发展的经济体制，建立充满生机和活力的社会主义新经济体制，同时相应地改革政治体制和其他方面的体制，以实现中国的社会主义现代化。开放也是改革，对外开放是建设中国特色社会主义的一项基本国策。

通过学习邓小平理论的形成条件、基本问题和主要内容，激发学生思考邓小平理论的历史地位，结合现实生活体会中国"富起来"，从而理解邓小平理论指导改革开放后的中国所发生的翻天覆地的变化，体悟邓小平理论是指导中国人民建设中国特色社会主义、保证中国在改革开放中实现国家繁荣富强和人民共同富裕的系统化科学理论。

在线上教学方面（中国大学 MOOC 在线开放课程平台），以问题为导向设置五大微课视频：第一，邓小平理论形成的时代背景是什么？第二，邓小平理论回答的基本问题是什么？第三，为什么说改革是一场新的伟大革命？第四，党在社会主义初级阶段的基本路线是什么？第五，为什么说邓小平理论开启了中华民族"富起来"的新征程？旨在帮助学生基本理解邓小平理论的核心内容。

在线下教学中，设置多种师生、生生互动环节，对线上教学的知识进行巩固、补充和提升。线上线下相结合的课程教学能够使学生在掌握知识的基础上，提高梳理问题的逻辑分析能力，提升利用唯物史观解决问题的能力，进而形成正确的价值判断。

七、教学方法与手段

（一）线上教学方法与手段

本课程线上学习平台为中国大学 MOOC 网（www.icourse163.org）。

在教学内容的选取方面，把教材体系转换为教学体系，有侧重地选取重难点知识，梳理出具有逻辑结构的问题链，让学生在解决问题中理解重要知识点。在教学方法上，教师以理论知识讲解为主线，结合漫画赏析、历史故事讲解、文艺作品展示等方式，激发学生学习兴趣。在线上微课视频学习后，学生将在线上进行章节测验及问题讨论等教学任务，通过学、识、测、研等环节，基本掌握理论知识，提升分析问题能力，形成自主学习的良好习惯。教师在线上引导和参与讨论、发布和批改作业与考试等。

（二）线下教学方法与手段

基于学情分析和人才培养目标，在线下教学中，本章节以问题驱动式教学策略为主，辅之以体验式教学策略、信息融合教学策略、协作学习教学策略。有效运用学习强国 APP、课程平台、微弹幕等信息技术，化解传统教学无法"内化于心、外化于行"的痛点；运用云班课获取教学动态数据，全过程有效监测，教师及时调整教学，引导学生逐步认知、认同与内化邓小平理论。

八、教学过程

（一）线上教学过程

通过课程公告，提前通知学生在什么时间完成本章节的线上学习任务。将学生进行分组，告知各组准备 10～15 分钟"走近伟人邓小平"的小组展示任务。

依次安排学生在线上观看教学视频、学习教案和课件、完成章节测验、课内讨论和观看资料视频，并在讨论区参与讨论。

根据课程通知，准备线下课堂要进行的讨论和社会实践等教学任务。

（二）线下教学过程

1. 课堂导入

打开中国 MOOC 网站，展示本章线上学习任务，了解学生学习进度和知识掌握情况，简要回顾线上学习的内容。

2. 小组展示

根据课前对同学的分组，依次以小组为单位选派代表上台进行展示：走近伟人邓小平。

3. 师生点评

针对小组展示内容进行学生点评，然后教师小结，讲述邓小平理论形成的条件和形成过程。

4. 理论探讨

针对学生对邓小平理论的基本问题和主要内容的掌握情况，首先通过投屏选择题，引导讨论邓小平理论回答的基本问题，组织主题活动"你心目中的社会主义社会"，小组讨论后推举一名同学发言，引导学生正确认识社会主义制度及其本质。播放视频，即 1992 年初邓小平南方谈话，明确社会主义本质的内涵。

5. 逻辑梳理

根据教材邓小平理论的主要内容，结合线上学习后了解的基本知识，让学生分组制作本章节的思维导图，展示并进行相互点评，教师选出最完整最系统并且有深度的一组讲解。

6. 重点分析

播放视频"年夜饭的变迁"，并开启视频弹幕功能，学生可以在弹幕中表达观看感受，学生之间可以互相点赞弹幕。引导学生从变迁中看到改革开放为我们生活带来的改变。小组讨论"改革"和"开放"的意义。教师对小组讨论问题进行理论分析。

7. 热点分析

在云班课中发布学习强国APP热点栏目"四史故事"之邓小平理论，学生在线发表观点。教师强调学史明理、学史增信、学史崇德、学史力行，以及树立正确的历史观的重要性，并总结邓小平理论的历史地位。

8. 启发总结

教师对本课程作教学小结，分析邓小平理论对当今中国发展的重要影响和指导意义，引导学生进入"'三个代表'重要思想"章节的学习。

九、练习设计

（一）线上教学方面

每个章节都有测验，学生必须完成测验且成绩在70分以上才能提交，计入线上成绩。测验题型包括单选题、多选题和判断题。

线上视频学习后，学生需要在讨论区参与问题讨论，也可自主提出问题，师生在综合讨论区进行良性互动。对于回答问题有特点有深度的同学，教师和学生可以进行点赞，参与讨论次数、提出问题数量、点赞数都计入线上成绩。

学生在完成线上70%的学习任务后，才能参加期末线上考试，计入线上成绩。线上期末考试，题型包括单选题、多选题、判断题和问答题等。

（二）线下教学方面

设计课堂展示环节，让学生根据自己的兴趣点在课下寻找关于伟人的故事并经过思考做成成果，向同学展示。在资料搜集中激发学生求知欲，在成果制作中提升逻辑思维能力和解决问题能力。

通过小组讨论、学生回答问题、生生互评、师生点评，教师理论分析等环节提高学生分析问题能力。在课中学生思维活跃，踊跃发言，带动课堂气氛，提升对思政课程学习兴趣。教师也可针对表现良好的同学给予成绩鼓励。课后根据学生综合表现，给予相应的线下成绩，使得思政课教学效果可评可测。

通过视频观看、学生思辨、教师引导等环节将抽象的教学内容直观化，理论联系实际，历史联系当下，帮助学生理解中国共产党党史及理论发展过程，提高学生价值判断能力，培育正确的价值观。

组织学生在课余时间观看电影《邓小平》，撰写观后感或影评。

（作者简介：陈荣荣，浙江工业职业技术学院副教授。浙江省普通高校《毛泽东思想和中国特色社会主义理论体系概论》课程教学研究会理事，绍兴市精品课程《毛泽东思想和中国特色社会主义理论体系概论》负责人，校级人文类创新团队负责人，入选"浙江省高校优秀中青年思想政治理论课教师择优资助计划"，主编《形势与政策》教材1部，在《社会科学辑刊》等发表学术论文10余篇。）

第四节 "三个代表"重要思想

一、所在教材章节

第六章 "三个代表"重要思想

二、教学理念

(一) 教育性教学

通过本章授课，学生对中国共产党及其指导思想——"三个代表"重要思想有更加深入的感性和理性认识，为今后能够自觉地聚集在党的旗帜下，坚持党的领导，听党话跟党走，努力践行"三个代表"重要思想，争做先进生产力的推动者、先进文化的传承者、最广大人民根本利益的维护者打下良好的思想基础。

(二) 实效性教学

教师要用好教材，既要走进教材，又要跳出教材，要站在立德树人这一总的教育教学目标高度，组织设计好教学内容和教学过程。就本章而言，教师不仅要考虑学生对于中国共产党以及"三个代表"重要思想的认知基础，还要考虑高职一年级 00 后学生心理和思维特点，以及他们未来所从事职业和专业特点进行综合的整体设计。在理论深度和实践广度上进行拓展，充分利用线上线下混合式教学方式和手段，使学生对学习过程产生兴趣，感到学习内容对他们现实的成长和发展有用，从而促进教学目标的有效达成。

(三) 发展性教学

贯彻以人为本原则，以学生发展为核心思想。通过本章理论知识的学习和讨论，在教师引导下，提升学生理论联系实际以及分辨是非的能力，增强学生对中国共产党及其"三个代表"重要思想的认同和拥护，自觉地把个人成长成才融入党和国家事业发展当中去，成为"三个代表"重要思想的践行者。

三、教学目标

(一) 知识目标

1. 线上教学方面

学生通过教师课前提供的学习提纲自主学习电子教材、教案，观看微课、课件以及相关理论背景资料方面的视频，完成本章问答题和测验作业等环节，实现掌握教材上基本理论知识的目的。线上学习过程主要是学生基本理论知识获取的过程，教师必须准确把握学生的学习状况，更有效地开展下一步的线下教学。

2. 线下教学方面

在线上学习基本达成知识目标的基础上，教师可以对学生线上学习进展情况进行总结，也可以师生问答、教师答疑解惑或师生案例讨论等形式进一步巩固和补充完善理论知识。

(二) 能力目标

1. 线上教学方面

学生通过在线上观看教师推出的教学资料，参与线上平台教师设计的对于课程重点理论内容的简单问题思考，提升学生利用学习资源自主独立学习以及就事论理和就理论事的简单分析事物的能力。

2. 线下教学方面

教师通过课堂教学，组织学生对本章重点、难点、疑点内容进行进一步讨论探究，提升学生理论联系实际的能力，运用辩证唯物主义和历史唯物主义的立场、观点和方法分析问题的能力，拓展学生思维的广度和深度。

（三）价值观目标

1. 线上教学方面

学生通过在线自主学习电子教材、教案，观看微课、课件以及其他拓展教学资料视频，完成相应的问题解答以及测验作业，对本章所学理论有了一定认知和理解，基本形成正确的价值观。

2. 线下教学方面

在教师的引导下对本章所学理论有更加深入的认知和理解，进一步提高理论思考能力和是非判断能力，形成更加坚定的情感态度和价值观。

四、学情分析

本课程教学对象为医学类高职院校一年级学生，大部分学生已经在中学阶段政治课或历史课中对"三个代表"重要思想的三个核心观点有了一些了解，但是对"三个代表"重要思想的形成背景和过程、历史地位和现实意义以及对该理论与自身关系缺乏深入理解；对领导我们国家事业的核心力量——中国共产党缺乏深刻认知。另外，一年级是大部分高职学生思维特点正由感性阶段向理性阶段过渡发展的时期。由于知识与阅历的局限，对事物的看法往往自我和片面，运用辩证的思维方法引导学生对事物的思考向深度和广度拓展，进而实现学生对本章内容的深刻理解和认识是教学的重要任务和目标。

（一）线上教学分析

由于本校师生在疫情期间已经接触和运用了职教云在线平台学习方式，因此对此种教学方式以及具体操作有了一定的体验，实践表明学生对这种利用平台可以灵活自主的学习方式较为喜爱，对提升学生学习兴趣提供了条件。

教师课前将本章电子教材、教案、涉及本章基本理论内容的微课、相关的拓展资料、简单的讨论问答题及知识测试题发布到职教云平台，让学生在规定时间内完成观看学习，将观看视频、课件、问题回答以及知识测试内容在职教云上设定一定的分值，记录学习过程，作为最终课程考核成绩的一部分，这样无疑对学生起到了增强学习动力、促进自觉自主学习的作用。

给学生提供的线上学习的课件以及视频资料资源要符合生动简洁、制作精良、感染力强的特点，要能够起到调动学生感官感受和激起学习兴趣的作用。

（二）线下教学分析

教师在线下课堂教学中，首先要对学生线上平台自主学习的结果进行基本的评价反馈，就发现的普遍问题给学生进行讲解释疑，澄清基本的概念或理论知识；其次要进行学习内容的简要集中串讲，帮助学生形成新的认知结构。

针对重点、难点可以采用多媒体视频或文字图片等情境教学资料或案例素材，启发课堂，借助微信等青年人喜闻乐见的交互平台开展讨论。微信群等发起讨论的教学效果良好，一方面为不擅口头表达的学生利用文字提供发表自己看法的机会，一方面可以借助丰富的动画表情图强化表达效果，营造更利于讨论的氛围，提升学生学习主动性。

线下课堂教学环节是理论知识进一步内化的过程，是感性认知上升到理性认知的重要阶段，重在答疑解惑，尤其是能解决在学生中存在学习难度的高层次问题。学生通过参与师与生，生与生交互讨论，进一步实现知识内化的习得与悟得，提升分析问题的能力，进而形成对事物正确的态度和价值观。

五、教学重点难点

（一）教学重点

1. "三个代表"重要思想的形成背景

第一，冷战结束后国际局势变化（世情）。

第二，中国共产党在新时期、新阶段所面临的党内新变化、新问题以及对党的历史经验的总结（党情）。

第三，建设中国特色社会主义伟大实践，特别是改革开放以来社会主义市场经济建设中社会情况的变化（国情、社情）。

第四，以江泽民同志为核心的党中央领导集体对马克思主义中国化的进一步深入思考。

2. "三个代表"重要思想体系与"三个代表"重要思想中三个核心观点的关系

中国共产党必须始终代表中国先进生产力的发展要求，代表中国先进文化的前进方向，代表中国最广大人民的根本利益。三个核心观点是对"三个代表"重要思想的集中概括。

3. 对"三个代表"重要思想中三个核心观点内涵的理解

第一，中国共产党必须始终代表中国先进生产力的发展要求——什么是生产力？什么是先进生产力？什么是中国先进生产力？中国先进生产力的发展要求是什么？怎样代表？（通过一系列的路线方针政策的贯彻实施来理解）

第二，代表中国先进文化的前进方向——什么是文化？什么是先进文化？什么是中国先进文化？先进文化前进方向是什么？怎样代表？

（可以结合中国共产党历代领导人的讲话，比如可以结合江泽民同志提出的关于文化的"四个一切"思想进行阐释）

第三，代表中国最广大人民的根本利益——什么是根本利益？（整体利益，包括经济利益、政治利益和文化利益等）什么是中国最广大人民的根本利益？（最大多数群众的整体利益）怎样代表中国最广大人民的根本利益？（可以以抗击疫情期间我党如何将人民的生命和健康安全放在第一位为例分析）

4. "三个代表"重要思想的历史地位和现实意义

第一，"三个代表"重要思想是中国特色社会主义理论体系的接续发展。

第二，"三个代表"重要思想是中国共产党的立党之本、执政之基、力量之源。

第三，"三个代表"重要思想是我党长期执政的指导思想，也是我党推动各项事业的行动指南。

第四，"三个代表"重要思想也是衡量和检验党的路线、方针、政策和各项工作的根本标准。

5. "三个代表"重要思想与新时代大学生（特别是医科学生）的关系。

（二）教学难点

通过"三个代表"重要思想形成的时代背景的学习，辅以生动丰富的现实素材，学生了解到"三个代表"重要思想是以江泽民同志为核心的党中央领导集体运用马克思主义理论的立场、观点和方法，从实际出发，分析 20 世纪末 21 世纪初当代世界和中国发展变化对党和国家工作的新要求和新挑战，在总结我党长期革命和执政的历史经验基础上提出的创新理论成果；学生认识到这一理论内容的科学性、真理性以及党坚持与时俱进，永远保持先进性，不断探索创新的勇气和精神。

全面理解"三个代表"重要思想是中国共产党的立党之本、执政之基、力量之源。可以结合我党不同历史发展时期所提出的纲领方针政策，帮助学生理解"三个代表"重要思想在推动党和国家发展进步方面所起的巨大历史作用，继而认识到"三个代表"重要思想是我党执政的长期指导思想和行动指南。

对比中西方国家在 2020 年新冠疫情初期采取的不同态度和政策以及我国疫情地区基层党组织和党员的突出表现，以"三个代表"核心观点为视角，分析"中国共产党为什么'能'？"这一观点，增强学生爱党爱国情怀，体会到科学理论在实践中的巨大指导作用，增强学生爱党爱国情怀，从而认识到自己的使命与担当，将"三个代表"理论作为自己的信仰，为实现中国梦做出自己的贡献。

六、教学过程

（一）线上教学过程

通过课程公告，向学生提供本章的学习提纲，提前通知完成本章节线上学习任务的时间节点。

要求学生进入本章线上学习内容之前完成课前的"情境闯关"题（相当于教师设置的课堂学习前的导入思考题），然后依次完成在线上观看电子教材、教案、课件、教学视频、问答题以及章节测验任务。

根据学习提纲中所提供的有关线下教学中要展开的讨论和思考内容，准备线下学习任务。

（二）线下教学过程

1. 首先对学生在线上学习进度和理论知识掌握情况进行评价总结。

2. 对线上学习重点内容做简要的串讲，对学习不足的地方或关键点进行点拨。

第一，对线上学习前的"闯关"问题进行分析："抗疫前线，党员先上！"——张文宏医生及其团队事迹是怎样彰显"三个代表"核心观点的？在他们身上体现了哪些共产党员的优秀品质和作风？让学生认识到"三个代表"就在我们身边，无数优秀共产党员为践行"三个代表"、保持党的先进性做出了巨大奉献和牺牲。

第二，对"三个代表"重要思想背景再次进行简单梳理（在此之前学生已经观看了相关视频材料，不必再详细讲），向学生讲明"三个代表"重要思想的科学性和真理性，学生懂得科学理论的形成体现了历史逻辑、现实逻辑和理论逻辑的统一，并善于运用这种方法分析理论的形成原因。

第三，对"三个代表"重要思想是"立党之本、执政之基、力量之源"的原因再次进行简单梳理（在此之前学生已经观看了相关视频材料，不必再详细讲），并向学生点明"三个代表"重要思想的重要历史作用，它是我们党长期要坚持的指导思想，是我们党永葆先进性的一面旗帜。

3. 案例讨论。展示一组 2020 年疫情初期以及疫情在全球蔓延期间中西方国家对待疫情的态度和措施后产生不同结果的材料：我国及时采取了封城、隔离和"应收尽收、应治尽治"等措施；西方资本主义国家，如意大利是轻症病人居家隔离，重症病人才住院治疗；英国采取的是所谓"群体免疫"措施；美国政府最初轻视疫情，任其自然发展，致使疫情迅速扩散，在采取一些防控措施后，特朗普政府又很快表达要急于放开管控、恢复经济的态度等。

让学生在了解以上相关材料后进行对比，以"三个代表"核心观点的视角，引导学生深入讨论，使其真正搞清楚"中国共产党为什么'能'"的道理。同时提升学生运用科学的理论和方法，比如善于运用比较分析等全局性思维看待问题的方法的能力，正确分析和判断复杂的社会现象的意识和能力。

4. 通过分析讨论"三个代表"重要思想理论与青年大学生成才成长的关系，即"三个代表"重要思想不但可以帮助学生认清当今世界的各种社会性质和复杂现象，还可以指导学生树立科学正确的世界观、人生观和价值观，懂得"三个代表"重要思想对青年学生的重要意义，对这一理论更加认同、更加坚持。

5. 根据事先发布的线上预习提纲中的思考题目，请同学们谈谈对中国共产党性质和宗旨有哪些新认识？是否愿意加入党的组织？通过教师进一步摆事实讲道理进行深入引导，达到提高学生思想政治觉悟的目的。

可以以天津医专毕业学生积极奔赴一线参加抗疫以及在校学生深入基层争做志愿者的感人事迹，鼓励学生以先进典型为榜样，努力做"三个代表"重要思想的拥护者和践行者，积极靠近党组织，坚持党的领导，将个人发展与党和国家事业的发展融为一体，实现个体人生价值最大化。

6. 最后播放和讲解歌曲《你是一面旗帜》结束本章课程，学生从歌词中进一步感受到科学理论对时代和社会发展的巨大凝聚力、感召力和引领作用，感受到"真理的味道是甜的"。

七、练习设计

（一）线上教学

每个学生必须参与教师在职教云平台上布置的课前"闯关"问题

的解答（相当于以往课堂教学的一个导入思考题，将学生带入到学习情境中，导入问题要有一定的"高阶度"），尽管学生还不能对提出的问题有一个全面完整的回答，但已经进入了进一步学习思考的氛围中。

学生带着教师发布的预习提纲中的问题观看每一个视频材料，在平台作业中作答，教师在平台上可以进行评价打分。另外课程内容的基本知识还可以设计为包括单选题、多选题和判断题形式的测验题。这些都计入线上成绩。

学生在完成线上80%的学习任务后，才能参加期末线上考试，计入线上成绩。线上期末考试，题型包括单选题、多选题、判断题和问答题。

（二）线下教学

线上学习阶段理论知识的学习基本完成，课堂教学给予补充和巩固。

教师向学生进一步提供相关素材，重点对课程中难点内容以及学生提出的疑难问题进行深入探究，通过师生交互讨论、生生讨论、教师启发引导，由浅入深，提高学生分析和判断问题的能力和水平，提高学生价值判断能力，培育正确的价值观。

依据上述教学过程中学生的表现和在知识掌握、能力提升、价值观形成方面的综合表现，给予学生相应的线下成绩。

（作者简介：孟宪红，天津医学高等专科学校讲师。承担《毛泽东思想和中国特色社会主义体系概论》和《思想道德修养与法律基础》教学20余年，积极推进教学改革创新，开展线上线下混合式教学，所授课程深受学生好评。）

第二章

《思想道德与法治》 教学案例

第一节　吸收借鉴优秀道德成果

一、所在教材章节

第五章第二节　吸收借鉴优秀道德成果

二、教学理念

（一） 教育性教学

思政课是立德树人主阵地和主渠道，更应从培养担当民族复兴大任的时代新人、社会主义建设者和接班人的战略高度，坚持以立德为核心，以树人为根本。通过本节授课，学生对新时代我国道德建设的必要性和紧迫性特别是在吸收借鉴优秀道德成果方面的理论知识有所了解，进而端正态度为新时代我国的道德建设贡献自身应有的力量。

（二）实效性教学

教师要用好教材，依据针对性和可行性原则，组织设计好教学内容和教学过程。以实现本节具体的教学目标。就本节而言，激发学生主动学习的动力，要适时利用线上线下混合式教学方式和手段，为学生提供丰富生动有意义的教学内容，使学生有更多的获得感。

（三）发展性教学

贯彻以人为本原则，以学生进步和发展为核心。通过本节内容的学习和讨论，在了解学生现有知识以及认知能力基础上，教师通过组织教学环节和实施过程，增强学生对中华优秀传统美德、中国革命道德以及其他国家人类文明道德成果的深入了解和认同，提升学习传承优秀道德成果的意识。培养历史眼光和全球视野，辩证客观地看待道德现象和问题，发展学生思维的广度和深度，提升学生的分析和判断能力，继而端正态度，树立正确的道德观和价值观，为传承中华美德、发扬中国革命道德、借鉴人类文明优秀道德成果打下坚实的基础。

三、教学目标

（一）知识目标

1. 线上教学方面

学生通过教师提供的预习学习提纲以及教案，自主学习电子教材，观看课件、微课以及相关教学素材视频、完成本节测验作业等环节实现掌握教材上基本理论知识的目的。线上学习过程主要是学生基本理论知识获取的过程，教师准确把握学生学习状况，更有效地开展下一步的线下教学。

2. 线下教学方面

在线上学习基本达成知识目标的基础上，教师对学生线上学习进展情况进行总结，对需要重点强调的，容易混淆或容易认识错误的概念、命题以师生问答、教师答疑解惑等形式进行进一步的巩固和补充。

（二）能力目标

1. 线上教学方面

学生通过在线上观看教师推出的教学资料，参与线上平台教师设计的对于课程重点内容的简单提问和案例素材讨论，提升学生利用学习资源自主学习以及分析探究问题的意识和能力。

2. 线下教学方面

教师通过总结线上学生对于一般性问题的回答情况进行分析和解答问题方法的指导；重点对课堂内容中的重点、难点以及学生思想和生活中容易产生的疑点进行辩论和讨论，提升学生理论联系实际，理性分析判断是非的能力，培养学生批判性、系统性等思维品质。

（三）价值观目标

1. 线上教学方面

学生通过在线自主学习电子教材，教案，观看微课、课件以及其他拓展教学资料视频，完成相应的问题解答以及本章测验作业，对本章所学习的理论有了一定认知和理解，基本形成正确的价值观。

2. 线下教学方面

在教师的引导下对本章所学习的理论有更加深入的感性认知和理性理解，进一步提高理论思考能力和是非判断能力，形成更加坚定的情感态度和价值观。

四、学情分析

本课程教学对象为医学类高职院校一年级学生，具备一定的学校和家庭道德品质教育基础，大部分同学具备良好的道德观念和道德素养。但是对于我国当前强调新时代公民道德建设的必要性和紧迫性，特别是新时代我国道德建设的重要内容之一——吸收借鉴优秀道德成果方面缺乏更深入的理解和认识。作为我国道德建设的重点人群青年大学生只有对中华传统美德、中国革命道德以及其他人类文明优秀道德内容进行熟悉和了解，才能对其形成理性的认同感，进而承担起时代新人的责任。授课中教师要善于运用灵活有效的教学方法，使学生对课程的内容产生兴趣。比如自主学习法、历史任务故事法、讨论法、辩论法等，从而达到引导和教育学生的目的。

（一）线上教学分析

由于本校师生在疫情期间已经接触和运用了职教云在线平台学习方式，因此对此种教学方式以及具体操作有了一定的体验，实践表明学生对于这种在平台上的学习方式以及所提供的生动丰富的教学内容较为喜爱，为提升学生的学习兴趣打下了基础。

教师课前将本章的电子教材、学习提纲、教案、微课以及其他相关的拓展资料、讨论题及知识测试题发布到职教云平台，让学生在规定时间内完成学习任务，将学生观看视频和课件、参与线上简单讨论以及作业测试在职教云上设定一定的分值，记录学习过程，作为最终课程考核成绩的一部分，增加学生学习的动力，促进学生的学习。

线上学习平台应提供生动简洁，制作较为精良，感染力强的视频学习资源供学生学习，调动起学生的学习兴趣。

教师可以在学生开始线上学习前创设一个带有学习情境的闯关思考题（职教云可以设置），用来提起学生对本章理论学习的兴趣。也可以针对每个视频或课件设计一至两个简单的问题，让学生回答，促进学生积极思考，激发学生的求知欲。

（二）线下教学分析

教师在线下课堂教学中，首先要对学生线上平台自主学习的结果和监测情况进行基本的反馈和评价，就发现的普遍问题给学生进行讲解，解答学生学习中出现的问题和不足，如澄清相关理论知识以及指导学习技巧和方法；其次要进行学习内容的简要集中串讲，帮助学生形成新的认知结构；再次教师可以利用多媒体视频、文字图片提供情境资料或案例素材，着重针对教学重点、难点以及学生思想和现实中的疑点，进行课堂集体交互讨论或辩论，提升学生对教学内容从感性认识到理性理解的深入思考。另外也可以适时利用微信群发起讨论的方式（学校可以准备手机袋，用时拿出来，讨论完毕后放入手机袋中）。

由于职教云平台交互讨论功能的欠缺，实践证明，微信群发起讨论也是非常好的方式，它即可以为不擅口头表达的学生提供发表自己看法的机会，也可以用语音、视频的方式表达师生对于讨论内容的看法，还可以运用丰富的表情图或动画参与互动，使讨论的气氛更加活跃，提升学生学习的乐趣。这种方式可以发挥微信功能拥有各种丰富表情的优势，营造更适合师生表达的互动情绪氛围，制造出有温度的课堂氛围。

线下课堂教学环节，是理论知识进一步内化的过程，主要解决"是什么""为什么""怎么看""怎么办"等问题，重在答疑解惑，尤其是要解决在学生中间存在学习难度的高层次问题。学生通过参与师与生、生与生交互讨论的基础上，进一步实现知识内化的习得与悟得，提升分析问题的能力，进而形成对事物正确的态度和看法。

五、教学重点难点

（一）教学重点

1. 为什么吸收借鉴优秀道德成果是推进新时代我国道德建设的主要任务之一？

2. 为什么要传承中华传统美德？

3. 为什么要发扬中国革命道德？

4. 为什么要吸收借鉴外来优秀道德文化？

（二）教学难点

如何看待中华传统美德的创造性转化和创新性发展？

六、教学方法与手段

（一）线上教学方法与手段

本课程利用职教云平台进行线上教学。将本节内容进行适当的整合拓展，将教材内容体系转换为教学内容体系，围绕教学内容组织教学材料。在教学方法上，学生进行线上学习，按照教师所提供的学习提纲要求，观看本章相关的教学资料和视频，完成问题解答、测验等任务，基本达成知识、能力、价值观"三维一体"的教学目标。教师在线上及时观测学生学习情况并批阅评价学生所回答的问题。

（二）线下教学方法与手段

利用多媒体教室，运用"翻转课堂"的教学模式，在总结学生线上学习的基础上，对教学内容的学习进行进一步的拓展和深化。教师针对学生线上学习不够或认识不清的问题再进行补充讲解，同时在课堂上（或偶尔利用微信群）教师提供典型的素材，组织和引导学生以师生互动，生生互动或简单的辩论形式对教学中的难点内容进行重点突破。

七、教学过程

（一）线上教学过程

通过课程公告，提前通知完成本节线上学习任务的时间节点。

通过课程公告，提前通知完成本节线上学习任务，主要学习任务包括：学习本节教案；研读本节电子教材，特别对教材中有关中华传统美德内容中的古汉语语句进行查阅理解；观看对课程内容深入理解的相关知识和素材，如2019年国务院颁布的《新时代公民道德建设纲要》文本及微课，还有反映中华传统美德以及中国革命道德相关的一些文化经典内容。另外，学生要完成对于本节相关知识的问答和简单讨论以及测试题作业。

学生根据教师事前提供的本章学习提纲中有关线下教学材料，准备线下要进行的讨论或辩论题目答案。

（二）线下教学过程

1. 首先对学生在线上学习表现情况和知识掌握情况进行评价总结，并进行学习方法的指导。对线上学习的重点内容结合教材概括地串讲，明确基本的理论知识结构内容。对线上学习不足的教学重点和难点通过讨论或辩论的方式重点突破，教师进行启发、点拨及引导。

2. 教学重点方面

为什么吸收借鉴优秀道德成果是推进新时代我国道德建设的主要任务之一？向学生讲明：由于开放和市场经济的运行环境，我国道德领域仍然存在很多的问题和不足，需要在很多方面综合施策，更需要正本清源，立根塑魂。应该不忘本来，吸收外来，面向未来。

传承中华传统美德：第一，熟悉中华传统美德的具体内容和精神。第二，中华传统美德的时代价值有哪些方面。通过讨论向学生阐明中华传统美德充满了为人处世的智慧，是滋润人性和人心的优秀思想观念和人文精神，通过经典名句或经典篇目的点播学习使学生对中华传统美德充满自信和自豪感，增强弘扬和继承的自觉性。第三，青年大学生要善于吸收传统道德中的营养，熟悉那些彰显传统美德的经典文化，树立传统美德文化自信。

发扬中国革命道德：第一，熟悉中国革命道德的具体内容和精神。第二，理解中国革命道德的时代价值有哪些方面。通过讨论向学生阐明中国革命道德在不同时期起着不同的历史作用，影响着时代的进步和发展。中国革命道德的那些内容和精神是中国传统美德的进一步和发展，它是中国共产党人为了推动国家发展和进步不忘本来，吸收外来，面向时代的创新成果，由此学生认识到中国革命道德是弥足珍贵的优秀文化成果，应该发扬光大。第三，中国革命道德对青年学生成长成才的意义。以正面经典榜样故事向学生阐明中国革命道德对青年成长成才，树立正确世界观、价值观、人生观从而实现最大人生价值的积极引领作用，也可以无视或诋毁中国革命道德的反面人物典型案例阐明其失败的人生结局。

为什么要吸收借鉴外来优秀道德文化？向学生阐明中西道德文化的不同特点，通过举例引导学生要善于识别选择外来道德文化，面对文化多元化的复杂世界环境，要保持警惕，不能盲目受不良外来道德文化的影响。

3. 教学难点方面

如何看待中国传统美德的进一步创新？教师可以简单辩论的模式安排辩论题目"见义勇为中究竟是扶危济困更重要还是自我保护更重要？"向学生阐明要善于运用历史和时代的眼光看待中华传统美德的创新性发展，即传统美德具有时代性特征是特定历史条件下的社会正义的体现，要传承和弘扬传统美德所蕴含的历史发展的共性特征、积极革新的一面，要在新时代面临新的社会和生存环境下善于借鉴其他人类文明的优秀道德成果，形成新的社会主义道德体系。

八、练习设计

（一）线上教学方面

学生在平台上回答教师事先安排的关于课程基本知识的简单讨论和测试作业（包括单选题、多选题和判断题），教师在平台上进行评价打分或事先设计好分值平台自动赋分，形成平时成绩。

学生在完成线上学习任务后，获得线上平时成绩，线上平时成绩占整个学期总成绩的三分之一。

（二）线下教学方面

知识掌握在线上学习阶段基本完成，课堂教学给予补充和巩固。

教师向学生提供相关素材，进一步对课程中难点内容进行深入探究，提出问题，通过师生交互讨论、生生讨论，教师启发引导，由浅入深，教会学生就事论理、就理论事以及从辩证思维视角看问题等，提高学生分析和判断问题的能力和水平，提升学生价值判断能力，培育正确的价值观。

依据上述教学过程中学生的表现和在知识掌握、能力提升、价值观形成方面的综合表现，计入线下平时成绩。

（作者简介：孟宪红，天津医学高等专科学校讲师。承担《毛泽东思想和中国特色社会主义体系概论》和《思想道德修养与法律基础》教学 20 余年，积极推进教学改革创新，开展线上线下混合式教学，所授课程深受学生好评。）

第二节　投身崇德向善的道德实践

一、所在教材章节

第五章第三节　投身崇德向善的道德实践

二、教学理念

（一）教育性教学

以立德树人为根本，通过讲授遵守公民道德准则，培养学生以为人民服务为核心，弘扬集体主义为原则，为实现中国梦而努力的中国特色社会主义道德观。

（二）实效性教学

把社会主义道德和实践联系起来，把理论逻辑和实践逻辑结合起来，通过讲授社会公德、职业道德和家庭美德等，学生科学认识道德三大领域的基本要求，把社会主义道德与个人品德有机统一，内化为为人民服务理念和行为指南，从而保证教学的实效性。

（三）发展性教学

贯彻以人为本原则，以学生为主体，以学生发展为核心，通过第五章第三节教学，学生在掌握遵守公民道德准则知识的基础上，提高明大德守公德严私德的能力，并通过实践性教学，培养学生社会主义道德观，实现知识、能力、道德观的全面发展。

三、教学目标

（一）知识目标

1. 线上教学方面

学生通过观看教学视频、学习课件和教案、完成第五章第三节小测验、观看资料视频等环节实现掌握基本知识和基本理论的目的。

2. 线下教学方面

在线上学习基本达成知识掌握目标的基础上，通过提问导入、小组成员讨论、学生上台展示、小组之间辩论赛、合作学习（如制作思维导图）等环节进一步巩固和补充知识。

（二）能力目标

1. 线上教学方面

学生通过在线上观看主讲教师教学视频，参与课程平台上教师主导的讨论和师生都参与的综合讨论与师生解答，完成网上小测验等，提升分析问题的能力。

2. 线下教学方面

通过组织大学生参与校园公德摄影实践比赛，对校园文明与不文明行为进行追踪摄影，制作成 PPT 或微视频在讲台上进行展示，提升学生辨析文明的能力和实践动手的能力。

（三）道德观目标

1. 线上教学方面

学生在线上观看主讲教师教学视频以及参与线上讨论，在提升分析问题能力的同时，能够提高是非辨别和道德判断能力，形成正确的社会主义道德观。

2. 线下教学方面

学生参与校园公德摄影实践比赛，对校园文明与不文明行为素材进行 PPT 课件或微视频创作，以小组为单位，在讲台上展示，回答其他小组提出的问题，开展讨论辩论等，在提升分析问题能力的同时，提高是非辨别和道德判断能力，形成正确的社会主义道德观。

四、教学设计理念

1. "三位一体"导向观，即问题导向、目标导向和效果导向，注重课程教学的实效性。

2. "两性一度"金课观，即课程教学的高阶性、创新性和挑战度，注重在教学中体现高度、难度、深度、强度的有机统一。

3. "学生中心"实施观，即以学生为中心组织教学，激发学生的内生性学习动力，以培养学生成才为出发点和落脚点。

4. "相辅相成"协调观，即线上与线下教学相辅相成、相得益彰，充分发挥信息技术与课程教学深度融合的优势。

五、学情分析

（一）线上教学分析

本课程教学对象为专科一年级学生，通过高中、中职、职高不同层次教育，学生对中国社会主义道德等有一定了解和掌握，故可以在教师指导下顺利完成线上教学。

为了保证每位同学都能达成教学目标，可以在预习教材、在线上学习教案和课件以及观看资料视频的同时，反复观看教学视频，并完成第五章第三节小测验等，在掌握知识的同时，提升分析问题的能力。

线上教学基本上可以解决学生的知识掌握问题，并在观看教学视频的基础上，形成自己的思考，初步形成正确的道德判断。

（二）线下教学分析

现在的专科一年级学生，尽管大部分人适应了传统的教学模式，但处在信息互联网时代，他们对在线学习有一定的了解甚至尝试，能够很快适应线上线下混合式教学，加之进入大学后的新鲜感和接受新事物的情结，因此可以逐步开展线下"翻转课堂"教学模式改革探索。

为保证每位同学都能积极参与翻转课堂，要求学生首先要完成相关章节的线上学习，在课程公告或通知的提示下，提前准备"翻转课堂"的教学内容，包括做笔记等方式，从而比较顺利地参与到"翻转课堂"教学之中。

根据班级学生实际情况，依据课程通知或微信群里的学习安排，学生可以提前分成小组，开展初步讨论，形成知识结构图或思维导图，通过"互助合作"等形式，提前准备好"翻转课堂"教学要求。

根据往届学生学习经验，在教师的鼓励和引导下，所有学生能够接受而且绝大部分同学喜欢线下"翻转课堂"教学。

六、教学重点难点

（一）教学重点

了解公共生活和公共秩序、社会公德的内涵与要求。

了解注重家庭、家教、家风。理解树立恋爱、婚姻家庭中的道德规范。掌握树立正确的恋爱观和婚姻观及处理各种关系的方法。

了解个人品德及其作用。

（二）教学难点

1. 社会主义道德建设的核心和原则。

2. 做遵守社会公德的模范，做社会文明的倡导者、传播者和践行者，做文明的中国人，在提升整个民族文明素养过程中发挥当代青年大学生独特作用。

3. 对职业道德的基本要求有基本的了解和认识，帮助学生树立正确的职业道德观以及正确的择业观和创业观，促使学生在未来的行业中扎根立足、成长成才，在职业生活中体现道德、展现风采、感受快乐。

4. 掌握个人品德修养的正确方法，锤炼高尚道德品格。

为了让学生更好地掌握知识、提升分析问题的能力和形成正确的道德判断，在线上教学方面，设置了互动讨论问题：

讨论 A：有人认为，现在的年轻人更加崇尚个性和自由，更加注重自我的发展，强调集体主义是对个性的否定和扼杀。你怎么看这个问题？

讨论 B：现实生活中，我国公民的文明素养如何？你认为有哪些文明现象和不文明现象？

线下教学是线上教学的巩固、补充和提升，是课程教学高阶性、创新性和挑战度的体现。核心目标是在学生掌握知识的基础上，提高学生用唯物史观分析问题的能力，形成正确的道德判断。

课堂讨论：在动车上遇到老人没有座位，让不让？

实践活动：课前校园文明现状摄影调查，重点倡导节约粮食、反对奢侈浪费的光盘行动。以小组为单位，展示校园文明现状。

课堂辩论：在校大学生谈恋爱的利与弊。

七、教学方法与手段

（一）线上教学方法与手段

本课程线上学习平台为中国大学 MOOC（www. icourse163. org/spoc/learn/WRU-1207109806？tid = 1462336449#/learn/announce），课程教学内容按章节安排，包括教学视频、测验等任务点，教师通过发通知等形式，在线上引导和参与讨论、头脑风暴和小测验等，指导学生开展线上学习。学生通过观看教学视频、开展讨论、完成小测验等教学任务，基本达成知识、能力、道德观"三维一体"的教学目标。

（二）线下教学方法与手段

本课教学采用"翻转课堂"教学模式，使用云课堂智慧职教 APP 作为教学工具，开展智慧教学。学生在线上学习的基础上，主要以师生案例导入、交互讨论、合作学习、小组讨论、辩论赛和实践活动等方式组织和开展教学，利用移动互联网+教学和智慧课堂的形式完成整个教学活动。教师提问和学生提问、讨论基于课程网站，小组讨论与合作学习基于微信群（如课前校园文明现状摄影调查，重点倡导节约粮食、反对奢侈浪费的光盘行动），学生签到、抢答、教师网上提问、生生讨论、生生互评基于云课堂智慧职教 APP 工具功能，实践活动是课前开展，辩论等则是课堂现场上台展示。

八、教学过程

（一）线上教学过程

课前通过课程通知，提前告知学生完成第五章第三节线上学习任务的时间点，准备课前校园文明现状摄影调查、翻转课堂要进行的讨论等教学任务。

课中依次安排学生在线上观看教学视频、学习教案和课件、课内讨论和观看资料视频，并在讨论区提出和回答问题，参与综合讨论。

课后完成第五章第三节小测验、学生互评、教师评价和自评等。

（二）线下教学过程

1. 利用云课堂智慧职教 APP 教学工具，首先签到考勤。

2. 打开课程网站，展示第五章第三节线上学习内容，了解学生学习进度和知识掌握情况等。

3. 打开课程网站，简要回顾已经学习的内容，说明第五章第三节翻转课堂的教学重点和通知的主要任务，导入翻转课堂教学。

4. 利用云课堂智慧职教 APP 教学工具，通过投屏案例：在自习室里接吻被录像公开，是否侵犯了人格权？让学生分组讨论问题，每小组推举一名同学做重点发言点评，分析是两个学生胜诉，还是学校胜诉。引导学生明白隐私权的界限。培养学生的法治思维、发散思维和批判思维。

5. 通过投屏案例：高铁上的系列霸座现象，引导学生讨论维护社会公共秩序的探索。

6. 通过投屏案例：在动车上坐自己座位的女生拒绝给老人让座，了解学生对社会公德的认知，开展初步讨论，引导学生正确评价，掌握社会公德的基本要求。

7. 通过投屏展示课程网站上学生头脑风暴的问题：如果你是那个不让座的女生，你会怎么办？老师点评。引导学生自己解决在学习过程中遇到的问题，形成分析问题的方法，培养学生的问题意识，并在提升学生分析问题能力的同时，提高道德判断能力，培养正确的道德观。

8. 依据课前校园文明现状摄影调查，重点倡导节约粮食、反对奢侈浪费的光盘行动。以小组为单位，制作成微视频或 PPT，课堂中上讲台展示校园文明现状。每小组推举一名学生做重点发言。让学生从现实生活中感受文明就在我们身边，要更好地讲文明、守公德。

9. 通过投屏职业系列视频案例，认识求职趋势，分析求职时的技巧有哪些。每小组推举一名同学做重点发言。掌握求职发展趋势，为未来求职做好准备。

10. 实践活动：学生上台展示"求职 3 分钟的自我介绍"，了解学生的自我认知，老师推荐 3~5 名，学生自告奋勇 3~5 名，并由教师引导点评。

11. 实践活动：课堂辩论"在校大学生谈恋爱的利与弊"。正方——利大于弊。反方——弊大于利。学生担任主持人，分正反两方，教师点评，提出如何实现理论逻辑和实践逻辑的统一，培养学生系统思维和逻辑思维能力，有目的引导学生形成系统思维习惯和分析问题的结构意识。形成正确的恋爱观和婚姻观。

12. 教师对本节课教学小结，分析个人品德的作用，掌握道德修养的正确方法，锤炼高尚道德品格，引导学生进入"向上向善、知行合一"章节的学习。

九、练习设计

（一）线上教学方面

在视频中插入了问题，学生必须回答并正确回答才能继续观看视频，计入线上成绩。这些问题主要是该视频中涉及的基本知识，题型包括单选题、多选题和判断题。

课后设置了在线小测验，学生必须完成小测验而且成绩在 80 分以上才能提交，计入线上成绩。测验内容主要是本章节线上教学中涉及的基本知识，题型包括单选题、多选题和判断题。

每个学生必须参与线上课内讨论、提问和参与综合讨论，问题数量和质量计入线上成绩。学生需要在课内讨论区回答老师提出的问题，学生自主提出问题，同时与师生一起在综合讨论区参与本区问题的讨论。

学生必须按照教师要求完成课程作业，线上提交并开展互评，计入线上成绩。学生按照课程教学要求，完成课前校园文明现状摄影调查，并制作 PPT 或调查报告上传，由学生互评 3 份以上，取平均分。如果对成绩有异议，可提出申诉，由任课教师再次评阅。

学生在完成线上80%的学习任务后，才能参加期末线上考试，计入线上成绩，线上占50%。线上期末考查，题型包括单选题、多选题和判断题。

（二）线下教学方面

知识掌握：在线上学习阶段基本完成，翻转课堂给予巩固和应用。如在讨论分析的过程中师生一起给出知识点表述和认知。

能力提升：通过小组讨论、学生提问和回答问题、教师理论分析等环节提高学生分析问题能力。本节中涉及了许多此类问题，如：在自习室里接吻被录像公开，是否侵犯了人格权？如果你是那个不让座的女生，你会怎么办？求职时的技巧有哪些？在校大学生谈恋爱的利与弊。

道德观形成：通过小组讨论、合作学习、学生辩论、教师分析、引导和点评等环节，提高学生道德判断能力，培养正确的道德观。

依据上述教学过程中学生的表现和在知识掌握、能力提升、道德观形成方面的综合表现，给予相应线下成绩，线下成绩占50%。

（作者简介：王彬，武汉铁路职业技术学院马克思主义学院副教授。校级精品在线开放课程《思想道德修养与法律基础》负责人，湖北省教育厅思政名师示范课堂先进个人，入选湖北省高校优秀思政教师资助项目计划，获学校说专业说课比赛一等奖、学校首届教学成果一等奖，获学校"我最喜爱的教师""优秀教师"等称号。）

第三节 维护宪法权威，自觉尊法学法守法用法

一、所在教材章节

第六章第三节 维护宪法权威
　　第四节 自觉尊法学法守法用法

二、教学思路

运用在线资源引导学生课前学习教材基础知识，要求学生带着问题

到课堂上学习，形成师生、生生互动的翻转课堂深度学习，再通过学生反馈和教师反思改进完善。

三、教学目标

（一）知识目标

1. 线上教学方面

学生通过学习指南完成教学视频观看、小节测验、拓展资料等环节，实现掌握基本知识和基本理论的知识目标。

2. 线下教学方面

在线上学习基本达成知识目标掌握的基础上，运用所学知识通过小组分工合作完成模拟法庭活动。

（二）能力目标

1. 线上教学方面

学生通过在线上观看教师精心录制的慕课视频和主讲教师针对新增教学知识点和学生的具体情况录制的教学视频之后，能够用视频中学到的知识完成视频中的通关测验和小节测验，并运用所学知识解决一些现实生活中的相关问题。

2. 线下教学方面

学生能够运用线上所学知识完成模拟法庭活动，并在参与模拟法庭活动庭审过程中生成问题，同时针对这些问题进行讨论、交流，对问题有正确的理解和把握。学生能对模拟法庭进行点评以及回答老师提出的问题。

（三）素质目标

1. 线上教学方面

学生在线上观看教学视频过程中潜移默化培养法治思维和法律素

养，并产生对法律的敬畏之心，认同以宪法为核心的中国特色社会主义法律体系。

2. 线下教学方面

学生在课下完成模拟法庭活动和翻转课堂上进一步增强法治思维的实际运用中，培养并巩固遇事找法、解决问题靠法等法治素养。

四、教学设计理念

1. 因课、因生制宜，集学、做、思、用、谈为一体综合培养理念。

2. 线上线下相结合的混合式教学模式。

3. 问题导向、任务驱动、小组合作，以学生为主体、教师为主导的多元并举教学方法。

五、学情分析

（一）线上教学分析

本次课教学内容的授课对象是大学一年级新生。虽然大学前没有开设过专门的法律课程，但是在小学思想品德课、中学思想政治课中都已涉及一些法律知识，因此具备一定的法律知识基础。

本章节授课引用了中国大学 MOOC 平台资源，植入超星学习通本校课程平台供学生学习使用。但由于授课对象为专科学生，在理论素养上相对较弱，所以根据这些具体实际情况，结合学校专业特点，对教学内容进行了再开发，制作了部分本校教学视频，例如民法典颁布实施后新增加的内容，快于教材的更新周期（通常为 3 年），使学生更好地掌握教材中的法律知识。

为了全面掌握学生的学习情况，在视频中设置了相应的练习题，有知识点的检测，也涉及知识的运用，学生必须完成视频中相应的题目才能继续观看视频。视频观看情况计入期末平时成绩（期末成绩＝平时成绩60%＋期末考试成绩40%）。全部视频观看完成后还需要完成本次课的小节测验。教师通过超星学习通教师端后台数据了解学生观看视频情况，通过学生答题的正确率了解学生知识掌握的情况。在观看视频和做练习过程中，学生可以线上把困惑和问题在班级课程群里提出，进而可以相互讨论、相互释疑，教师也会在线引导和解答。

（二）线下教学分析

大学一年级新生是网络原住民，对网络的使用比较熟悉，且该年龄阶段的学生接受新事物快，喜欢有挑战性事物，喜欢享受成功的喜悦。再加上2020年疫情期间都经历了线上教学，这些都为快速适应线上线下混合式教学奠定了很好的基础。

学生课前必须完成相关章节的线上学习，在掌握了相关的理论知识后，根据通知发布的"翻转课堂"教学要求，按照规定人数自由分组，分工合作，完成模拟法庭活动并拍摄视频上传超星学习通，完成"翻转课堂"前期准备。

根据以往实施情况来看，学生比较喜欢这种线上线下混合式教学模式，尤其是线下"翻转课堂"教学部分，从中体验到认同感和成就感。

六、教学重点难点

（一）教学重点

1. 理解我国宪法地位和确立的基本原则。

2. 掌握我国法律体系以及我国法律体系的构成。

3. 理解各个法律部门及重要法律的基本功能。

4. 掌握《民法典》的相关知识。

（二）教学难点

1. 如何深化对中国特色社会主义法律体系的认识？

2. 如何理解《民法典》的法治意义？

3. 如何运用法律知识来解决现实问题？

4. 如何培养学生的法治思维？

重点问题的解决主要通过学生在线观看超星学习通上的教学视频，完成视频中的练习题和小节测验，以及师生、生生在线讨论疑难问题来完成教学目标。使学生掌握基本的法律理论知识，解决"为什么学法"和"学什么法"的思想问题，提高对法律的地位和作用的认识。

难点问题的解决主要通过线下模拟法庭活动和课堂交流讨论等来解决。主要解决的是"如何去用法"的方法问题，既要从宏观上提高对走好中国特色社会主义法治道路的方向和原则的认识，又要从微观上提高个体的法律素养和法治思维，提高依法行使权利、履行义务的能力。

七、教学方法与手段

（一）线上教学方法与手段

本次课线上学习平台为超星泛雅网络教学平台（http：//qypt. fanya. chaoxing. com/portal）。在线上线下混合式教学的线上教学部分，教材体系被转换成了教学体系。把这一节的教学内容根据教学目标分解为若干个知识点，每个知识点由独立的 10 分钟以内的小视频构成。这些视频部分自中国大学 MOOC 平台知名专家的理论知识点讲解视频，同时部分来自根据教学内容以及授课对象特点录制的教学视频。

学生在观看视频的同时要求完成视频中的练习和本次课的小结测

验，以上内容都完成后还要求学生在班级讨论区进行线上互助讨论，教师也会在线上给予指导。这些都将计入平时成绩和期末成绩。这样线上教学部分就能完成学生掌握基本理论知识的教学目标，为线下教学奠定理论基础。

（二）线下教学方法与手段

学生通过线上学习掌握基本理论知识，并在此基础上通过小组合作课前已完成模拟法庭活动。线下教学，学生针对模拟法庭活动提出问题，教师对在这一过程中法律知识运用的准确性、法律争议的焦点、诉讼程序是否正确等提出问题，通过师生、生生互动共同解决上述问题。学生还要进行自我评价、小组互评模拟法庭活动，总结亮点，指出不足，提出建设性的意见和建议。教师会对模拟法庭活动和其他环节进行插入式和总结性点评。

八、教学过程

（一）线上教学过程

课前通过超星学习通的通知功能告知学生在规定时间自主完成本次课线上学习任务。

课前通过超星学习通的通知功能通知学生须要观看的视频、小节测验、讨论、提问等学习任务。

课前通过超星学习通的通知功能告知学生民事诉讼程序基本要求和步骤，使学生进一步熟悉相关内容。并告知学生模拟法庭活动的相关要求。

（二）线下教学过程

1. 打开课程网站，通过超星学习通的教师端了解学生完成线上学习的情况，对未完成课前学习任务的学生，通过提醒功能进行督促；通过学生完成视频中练习和小节测验的正确率等统计数据，了解学生理论知识掌握情况，针对学生没有掌握的知识点在课堂上再重点讲解。

2. 打开课程网站，进入到学生作业板块，用学生上传的模拟法庭活动视频导入翻转课堂。

3. 通过超星学习通评分功能，组织学生对各组模拟法庭活动进行评分，该得分计入平时成绩。

评分标准：

模拟法庭中是否熟悉与设定案例相关的法律背景知识、相关法律诉讼程序？（4分）

模拟法庭庭审过程是否流畅？参与同学对相关的程序法、实体法、案件争议焦点、证据质证等运用和把握是否恰当？辩论是否精彩、深入、得当？能否抓住关键点。（5分）

模拟法庭庭审气氛是否热烈？参与的同学是否积极投入？（1分）

4. 小组讨论，要求组内每个成员对自己小组和其他小组的模拟法庭活动进行点评，讨论结束后派代表总结发言。点评亮点和不足之处，并提出改进意见。也可以针对困惑提出问题，要求该小组成员进行解答，如果该小组成员不能解答，班级其他同学也可以解答，教师进行补充。回答问题有加分，该分计入平时成绩。如果学生都不能正确解答，教师进行解答。

组内讨论每个小组模拟法庭庭审活动中案件争议的焦点法律适用是否得当。讨论之后每个小组派代表总结发言。其余小组可以针对发言提出问题或者发表自己的看法。

5. 连线律师，让专业人士对学生的模拟法庭活动进行点评，同时学生和律师进行互动，增强学生的体验感。

6. 小组自我总结，总结并分享本组在法律知识、法律精神、法律思维、法律实践能力、团队合作等方面的心得体会。

7. 教师对本次模拟法庭活动以及本次翻转课堂进行总结性点评。

九、练习设计

（一）线上教学方面

在每个教学视频中都插入习题，题型有单选题、多选题和判断题，学生必须回答视频中的习题才能继续观看视频并完成视频观看要求。

每次课都有相应的小节测验，测验的内容主要是教学目标要求学生掌握的基本理论知识，以及运用该理论知识解决简单的实际问题的能力。小节测验的题型有单选题、多选题和判断题。小节测验不设置测试次数，学生可以多次重做提交，以最后一次提交的成绩计入平时成绩。

每个学生都要在讨论区参与讨论，可以提出问题，可以回答其他同学的问题，该部分计入平时成绩。

教学视频必须全部观看完成才能获得这部分成绩，该部分计入平时成绩。

（二）线下教学方面

通过视频中的练习题以及小节测验检测学生理论知识的掌握情况。线下活动以及翻转课堂主要检验学生运用理论知识解决实际问题的能力。

线下教学采用了任务驱动法，学生必须用所学知识去完成模拟法庭活动，在庭审过程中，案例中法律知识运用的正确性可检验学生理论知识的掌握情况以及运用知识解决实际问题的能力。模拟法庭活动必须小组成员分工合作才能完成，可以检验学生沟通协作能力。

在翻转课堂上，学生针对模拟法庭活动的点评、问题的提出、问题的解决、自我反思等，既能检验学生理论知识的掌握情况和运用理论知识解决实际问题的能力，又能检验学生语言表达、团队合作等其他方面的综合能力。

根据小组合作的模拟法庭活动，课堂上学生的小组讨论情况、提出问题和回答问题的次数及质量、自我总结是否到位、团队合作精神、表达能力等给予学生相应的线下成绩，该成绩也将计入平时成绩。线下成绩小组成员有相同的部分，例如模拟法庭活动的评分；有不同的部分，例如个人发言和回答问题，有小组成员之间的相互评分（小组成员相互评分是避免有学生在小组活动中搭便车行为）。在评定学生成绩过程中体现"多劳多得、优劳优酬、兼顾公平"的原则。

（作者简介：杨小梅，清远职业技术学院讲师。近年来一直开展线上线下混合式教学，获广东省高校思政课"抗疫"优秀教学案例征集三等奖、广东省第三届高校青年教师教学大赛校内选拔赛二等奖、清远职业技术学院新教师优秀课堂评比一等奖、微课教学比赛三等奖、2019年度"思想道德修养与法律基础"课（高职院校）骨干教师培训班教学重点难点问题征集提案一等奖等。）

第三编 03

本科和专科社会实践教学案例

第一章

本科院校思政课实践教学案例

一、思政课线上线下混合式实践教学概述

本案例中的"思政课社会实践教学"有双重含义：一是指基于网络模拟仿真社会实践基地进行的学习活动；二是指学生走出校园、利用社会实践空间组织的教学活动，包括实地参观考察学习、社会调研等。思政课其他实践教学活动不在本案例的讨论范围之内。

基于网络模拟仿真社会实践基地的思政课实践教学混合教学模式是指依据思政课理论教学的目标和要求，在教师的指导下，学生依托网络模拟仿真社会实践基地进行线上学习和线下进行社会实践参观考察和调研，从线上到线下、再从线下到线上的学习过程。

二、课程设计基本理念与目标

（一）课程设计基本理念

在实践教学过程中贯彻立德树人的原则，把理论教学与实践教学相结合，突显实践育人功能，培养社会主义事业建设者和接班人。

（二）课程教学设计目标

1. 认知目标

"理论教学与课外实践教学、网络基地实践教学"相互融合的"三位一体"教学模式设计，引导大学生在社会实践活动中把所学理论与实际相结合，有效解决当今大学生缺乏社会体验和认知问题，深化学生对当代中国国情、中国特色社会主义理论的理解。

2. 能力目标

思政课实践教学的最终目标是培养大学生能够运用马克思主义的立场、观点和方法观察问题、分析问题和解决问题的能力。

3. 情感认同与信仰培育目标

实践教学环节内容的选择和设计，使大学生在实践体验和感悟中，实现其在情感认同基础上达到理论认同，从而坚定"四个自信"。

三、实践教学开展的基本思路

以习近平总书记关于思政课改革创新的"八个统一"思想为指导，把关于思政课改革创新的理论研究和新模式探索的实验研究结合起来，通过思政课改革的三个场景：课堂教学、实践教学、网络模拟仿真社会实践基地教学的互动设计，打造以思政课教学内容为依托的思政课线上线下教学创新模式，提高思政课教育教学的针对性和实效性。

第一，理论研究。首先，对国内高校思政课教育教学改革（尤其是社会实践教学）的先进理论和思想进行系统跟踪研究、学习和梳理，特别是关于网络课程建设和专题化教学改革方面的信息要及时跟进，为本项目教学改革方案的制定和实施提供必要的理论支撑。其次，在原有网络社会实践学习平台基础上，充实内容，更新形式，加快网络社会实践平台的更新建设。

第二，实验研究。首先，结合思政课专题化教学的内容进行实践教学内容的设计，实现理论教学与实践教学相结合。其次，基于网络课程建设的进度情况，在思政课四门课程（原理、概论、纲要和基础）里面进行教学实验，实现线上线下教学相结合。

第三，新的教学模式的形成。在理论研究和实验探索的基础上不断总结经验，形成具有针对性和可操作性的思政课社会实践线上线下混合教学创新模式。

四、实践教学总体方案

实践教学是思想政治理论课教学的一种重要方式，教育部关于思想政治理论课"05方案"要求，思想政治理论必须安排一定学分进行社会实践教学活动。根据这一精神和学校的统一部署，从三门公共政治理论课中安排4个学分（《毛泽东思想和中国特色社会主义理论体系概论》2学分、《思想道德修养和法律基础》1学分、《形势与政策》1学分），共64个学时进行社会实践活动。

（一）社会实践教学活动的内容、时间及学分安排

从2012级开始，我校4个学分的社会实践教学课分两部分组织实施，即社会实践（网络教学）课程和社会实践（课外教学）课程。

社会实践（网络教学）课程是指学生登录我校的网络社会实践基地进行的学习活动，2个学分、32学时。社会实践（网络教学）的教学安排，在第二学期进行，到时另行通知。

社会实践（课外教学）课程是指学生进行的课外社会实践活动，2个学分、32学时。学生从入学后即可开展该类活动。活动时间分布在

第一学年和第二学年（包括两个寒假和两个暑假在内）。

（二）组织协调工作

由于马克思主义学院的思想政治理论课实践教学活动内容比较广泛，涉及校内各个学院及相关职能部门，工作量大且复杂，各单位的支持和配合显得非常重要。在教务处的总体协调下，马克思主义学院须与各相关学院和单位及时沟通，密切配合，保证高效、规范地完成实践教学任务。

（三）社会实践报告的完成及成绩评定

学生在完成社会实践（网络教学）课程和社会实践（课外教学）课程的任务后，各需提交一份实践活动报告。社会实践（课外教学）课程的期末成绩考核表上须有实践活动单位或组织单位盖章，成绩由马克思主义学院认定。

学生完成社会实践（网络教学）课程后撰写的学习报告，提交时间为网上学习任务完成后的两周内。学生社会实践活动报告的批改和成绩的登录由马克思主义学院的教师完成。

学生完成社会实践（课外教学）课程后撰写的报告，提交时间为第五学期的第7~9周。学生社会实践活动报告的批改和成绩的录入由马克思主义学院的教师完成。

五、线上实践教学大纲

（一）教学目的与要求

建立思政课网络社会实践教学基地，是我校的一项创举。它解决了思想政治理论课社会实践人数多、规模大、基地少、组织困难之间的矛盾，实现了理论课教学与社会实践相结合的问题。思政课网络社会实践课程基于理论联系实际、学以致用的原则，鼓励学生将课堂所学理论知识通过网络平台，与社会实践活动衔接起来，提高学生对社会问题的观察、探索、思考能力，使马克思主义理论真正转化为学生的认知能力和价值观念，形成马克思主义的立场、观点和方法。其次，本课程通过学生的社会实践活动，可发挥检测学生对中国特色社会主义理论体系的学习和运用状况，激发学生学习兴趣。再次，它可作为一种教学改革的导向，有助于任课教师树立课堂教学与社会实践相结合的观念，改善课堂教学方式，提高课堂教学质量。

（二）教学方式

课堂教学与网络教学相结合。

（三）课程内容

（任选五个网络社会实践专题学习）

专题序号	专题名称	内 容 简 介
理论教学	社会实践概论与写作指导	介绍社会实践课程的概况等内容；指导社会实践报告（调查报告与论文）的写作。
专题一	上海党一大会址纪念馆	通过介绍会址，学习中共一大的背景、内容及意义。
专题二	南京大屠杀纪念馆	通过介绍纪念馆，回顾南京大屠杀的背景、经过及教训。
专题三	圆明园	通过介绍圆明园，学习英法联军侵略中国的相关近代史。
专题四	黄埔军校	通过介绍黄埔军校，学习中共第一次合作、三民主义及相关的历史事件。
专题五	红色娘子军	通过红色娘子军的相关事件，学习近代中国土地革命、思想观念的转变及中共的发展历史。

续表

专题序号	专题名称	内 容 简 介
专题六	西柏坡	通过西柏坡革命圣地的介绍，学习毛泽东思想、三大战役及七届二中全会等相关内容。
专题七	西部大开发	通过视频，学习西部大开发的基础、发展和全面推进三个阶段，以及科学发展观的具体内容。
专题八	烈士陵园	通过视频，学习中共领导下的广州起义及相关历史。
专题九	井冈山	通过介绍井冈山，学习中共建立根据地的背景、经过及毛泽东思想。
专题十	重庆红军纪念馆	通过红军纪念馆的介绍，学习中共长征及中共苏维埃政府建立的相关历史知识。
专题十一	南岭村	通过介绍南岭村发展的历史，学习改革开放的背景、发展和历史意义以及邓小平理论。
专题十二	孙中山故居	通过讲述孙中山的生平，学习辛亥革命及"三民主义"以及国共第一次合作的经过。
专题十三	重庆渣滓洞	通过介绍重庆渣滓洞，学习国共第一次合作破裂（暨白色恐怖时期）的背景、经过和结果以及蕴含其中的教训。
专题十四	中国人民抗日战争纪念馆	通过纪念馆的介绍，学习日本侵略中国及抗日战争的全过程，认识只有中国共产党才能救中国，团结就是力量。
专题十五	广州农讲所	通过介绍农讲所的背景，介绍北伐战争的相关历史知识。
专题十六	课程评估反馈	社会实践课程考核。

（四）考核方式

网络考试和学习报告成绩相结合。网络专题学习成绩（60%）+学习报告（40%）两部分组成，成绩由马克思主义学院认定。

六、线上线下混合式实践教学的总体框架

（一）核心要素

平台依托：构建网络模拟仿真社会实践基地（http：//gdufsmy.fanya.chaoxing.com）。

网络模拟仿真社会实践基地建设的主题及基本思路：

1. 焦聚红色精神主题，打造"红色精神系列"基地。把教育部第一批所列出的13个红色精神教育基地搬到网上，让学生身临其境进行学习体验。

2. 围绕改革开放40多年来我国取得的历史性成就，打造"改革开放系列"网络模拟社会实践基地。如建立乡村振兴主题模块、企业改革主题模块、区域经济协调发展模块等。

3. 围绕近代以来广东在革命、建设、改革过程中的先行先试、敢闯敢干的精神，挖掘岭南文化中的精华，打造"岭南文化系列"网络模拟社会实践基地。

4. 围绕我校建设国际化特色鲜明的高水平大学的目标，充分利用我校与国外联系交往密切的优势，打造"国际化系列"网络模拟社会基地。例如，在欧洲追寻着马克思的足迹，建立马克思活动为主题的模块；在俄罗斯追寻着列宁的足迹，建立"十月革命"纪念模块；"一带一路"模块的网络模拟社会基地等。

（二）两种模式

第一种模式：依托思政课网络模拟仿真社会实践基地组织学生进行线上学习和线下实践体验。

线上学习。在第一学年第二学期（第一学期学生要进行军训活动）

利用8周时间组织学生在线上学习。学习结束后，学生成绩由网络学习成绩和学习报告成绩两部分组成。指导老师负责指导学生在网上学习。

线下体验。由马克思主义学院联合校团委、学生处及各个专业学院利用暑期或寒假，组建社会实践红色基地考察团，由指导教师带队，各学院抽调学生组成，到各个红色基地进行考察学习。学习结束后，学生结合教材所学内容、网络资源学习及实地考察情况，写出学习心得体会。

第二种模式：通过学生课外社会实践收集素材，整理加工，构建网络模拟仿真社会实践基地，实现由线下到线上的学习过程。

线下社会实践体验。由马克思主义学院联合校团委、学生处及各个专业学院，利用暑期或寒假"三下乡"的形式，组建由指导教师带队、学生参加的社会实践调研团队，围绕不同系列主题（同上），结合不同课程内容，进行实地考察调研，收集第一手资料（文字资料、视频资料等），在切身体验中深化对理论问题的认识，坚定"四个自信"。

线上再学习。学生收集到第一手资料后，根据构建网络模拟社会实践基地的要求，进行加工整理。在这个过程中，学生在教师的指导下，要认真把握基地建设中每个模块的主题、资料反映的哪门课程中知识点及理论、视频教学的目标及要求、测试题的设置等，让学生在这个过程中，接受一次再学习的过程。

七、教学内容与组织实施

（一）线下课外实践教学

课外社会实践教学内容：从思政课16个学分中拿出2个学分进行社会实践，主要是进行网络模拟仿真社会实践基地的体验学习，课外社会实践活动由思政课每门课程的教学部结合课程内容进行组织设计。课外社会实践活动内容分三个层次设计：学院层面建立社会实践基地，组建由教师、学生共同参与的团队从事社会实践活动；学院与校团委及其他专业学院围绕具体社会实践活动项目进行分工合作；学院各教学部根据各门课程性质及特点围绕不同主题设计各具特色的系列社会实践活动。

课外社会实践活动从新生入校开始，根据项目类型进行分类指导。在课外社会实践活动中，有些项目，如线上和线下社会实践教学的融合项目"重走长征路""寻访领袖足迹"等活动由学院和学校团委等部门联合举办，学院教师负责指导和学习报告的成绩评定。

（二）网络模拟仿真社会实践教学

我们与超星公司合作，对网络虚拟仿真社会实践基地进行升级，打造全新版的网络虚拟仿真社会实践基地。从内容上，我们对网络基地的资源进行重新整合，焦聚红色精神主题，打造"红色精神系列"网络社会实践基地，如围绕井冈山精神，我们制作了 28 个专题视频资源，再现了毛泽东等老一辈革命家当年在井冈山进行艰苦斗争的情景。目前，我们已制作了井冈山精神、长征精神、延安精神等网络虚拟仿真基地。教学视频均为 10 分钟之内的慕课式知识点视频，全部教学视频均防作弊防拖拽防窗口切换，教学视频观看流程全监控；课程测验包括单选题、多选题、判断题和填空题 4 种题型。学生学习结束后，结合课程学习内容和网络资源学习写出学习报告。

网络虚拟仿真社会实践基地的学习在每届大一新生入学后的第二学期进行，每届学生 5000 多人全部参与。

（三）教学评价

学生完成社会实践任务后提交学习报告，社会实践指导教师按照学院规定的评定标准对其进行成绩评定。

网络基地实践教学的学生成绩评定分两部分：一是学生在完成系统学习后，由系统自动打分，成绩占60%；结合系统学习、课程学习提交的学习报告的成绩评定由指导教师评定，成绩占40%。

八、应用价值、特色与创新

（一）应用价值

首先，我校网络虚拟仿真社会实践基地的建立，解决了全国高校思政课实践教学具体实施过程中，普遍存在的一些难题，如学生人数多、组织管理困难、安全风险较高等问题，为思政课实践教学的探索找到了一条新路。

其次，通过课程改革把理论教学设计、实践教学设计和网络虚拟仿真基地建设纳入同一逻辑进行设计，重点解决了思政课理论教学与实践教学"两张皮"现象，实现了思政课理论与实际的统一。

思政课社会实践教学承担着"立德树人"的实践育人功能，我校思政课"理论教学与课外实践教学、网络基地实践教学"相互融合的"三位一体"教学模式设计，较好地解决了思政课理论教学与实践教学各自为政的1+1<2这个当下最突出的问题。在"大思政"背景下，我院和学校团委等部门分工合作，发挥各自优势，多方共同推进思想政治教育工作。

（二）特色

首先，该项改革实现了思政课的实践教学和现代网络教育技术相结合，体现鲜明的时代特色。我们的网络教学平台是集图、文、音、像于一体的现代教学技术，学生在网络平台上可以获得极为丰富的学习资源，适合学生进行自主发现、自主探索式的学习，为学生发展创造性思维及创新能力提供了基础。

其次，实现了思政课线上和线下实践教学的融合，探索构建了一种新的思政课混合实践教学模式。

再次，该项改革整合了高校中各个与思政课有关的职能部门的资源，实现了高校思政课程与课程思政之间的融合，使"立德树人"的教育理念通过思政课的实践教学在学校的各项活动中都得以体现。

（三）创新之处

把思政课实践模式的研究放在新时代思政课改革的大逻辑背景下进行考量和研判，突出强调实践育人的重要及实施路径，是提高思政课教育教学实效性的有效途径。在思政课实践教学体制机制建设方面提出，把思政课的线上网络社会实践与线下社会实践教学相结合，把课堂理论教学与实践教学相结合，学生自我实践与教师的引导、指导相结合，突出强调思政课实践教学的系统性和整体性，最终构建一个符合思政课特征的以"内容为王"的线上线下混合实践教学新模式。

（作者简介：郑亚伟，广东外语外贸大学马克思主义学院副教授，副院长。国家一流本科实践课程《社会实践（思政课）》负责人，主持广东省高等教育教学改革项目"'完全学分制'体制下思政课的教学改革与创新研究""新时代思政课'一体两翼'教育教学创新模式研究"等，获广东省疫情期间线上线下混合式教学案例二等奖、广东省高校思政课教师暑期社会实践教育优质资源征集活动研修报告类二等奖、广东省大中专学生志愿者暑期"三下乡"社会实践活动优秀个人称号。）

第二章

专科院校思政课实践教学案例

一、线上线下混合式实践教学概说

实践教学是高校思想政治理论课的重要环节和内容，它在调动学生积极性、提升思政课实效性方面的优势早已被学界所认可。然而，实践教学也面临着一些现实问题，例如经费不足、覆盖面不广、安全隐患等问题。不少高校开始将实践教学延伸到网络，积极探索网络实践教学——"线上实践教学"，即广泛运用网络等高新技术为媒介完成教学任务的实践教学。线上实践教学是传统实践教学（线下实践教学）的延伸，具有不可忽视优势，例如网络资源丰富且多是免费，学生参与度高，无人身安全问题。但也不能全盘否定和放弃传统的线下实践教学。事实上，线上实践教学和线下实践教学各有优势和特点，应该扬长避短开展线上线下混合式实践教学，即综合考虑教学内容、现有条件等情况，选择线上线下实践教学的具体形式。线下实践教学，根据场地不同可以分为课堂实践教学、校内实践教学和校外实践教学，根据形式不同可以分为参观类、研读类、竞赛类、讨论类、调研类的实践教学。线上实践教学包括参观网上展馆、普通网上实践教学、远程连线、VR 实践教学等。其中，网上实践教学需要配备专门的网络实践教室，远程连线则是通过汇会或者腾讯会议软件来实现远程屏幕共享和网络会议，VR实践教学则依托本校自行建设的 VR 仿真资源进行。本文主要以《毛泽东思想和中国特色社会主义理论体系概论》课程予以分析。

二、线上线下混合式实践教学的内容架构

"概论课"全书共 14 章，分为"毛泽东思想""邓小平、'三个代表'重要思想、科学发展观"以及"习近平新时代中国特色社会主义思想"三个模块。理论上讲，每一个模块每一章节都可以安排实践教学，但是要从教学主题和内容出发，根据掌握资源和条件的情况，以及学生的具体情况，来决定实践教学的具体形式。下面分模块介绍实践教学的具体形式。

（一）模块一实践教学的内容架构

从内容上看，模块一"毛泽东思想"包括"毛泽东思想及其历史地位""新民主主义革命理论""社会主义改造理论"和"社会主义建设道路初步探索的理论成果"。总体上看，这部分理论性强，难度较大，离当今学生的现实生活比较遥远，学生似乎也不大感兴趣，似乎更适合教师进行理论教授。但是，正因为这部分理论性强，学生理解起来比较困难，才更需要实践教学——因为实践教学能极大地调动学生的积极性和主动性，能有效促进学生对理论知识的理解和接受。因此，模块一安排丰富多彩的实践活动，完全是必要的、重要的。

1. 模块一线上实践教学的内容架构

模块一直接阐释毛泽东思想的理论知识，而没有对毛泽东个人的介绍。因为时空差距等原因，很多大学生对毛泽东了解并不多，这直接影

响到学生对毛泽东思想的学习和接受。因此安排一次"走近毛泽东，学习毛泽东思想"的实践教学，让大学生们了解毛泽东作为普通人的酸甜苦辣，了解毛泽东作为农家子弟成长为党的领袖的艰辛过程，其目的重在让学生喜欢毛泽东、敬佩毛泽东，学会科学辩证地认识和评价历史人物。这个实践教学根据具体条件，既可以让学生在网络实践教室进行，也可以让学生课后去完成再在课堂上分享。有条件的院校还可以安排远程连线，在革命遗址和纪念馆进行现场讲解。另外，笔者所在的学校分别与韶山红色文化培训学院、井冈山干部学院、瑞金爱国主义教育学院建立了合作关系，该校老师可以提供八角楼、黄洋界、毛泽东故居等十几个革命遗址的现场讲解。另外，社会主义改造理论也是难点，同样可以安排实践教学。如果学生理论基础较为薄弱，就安排"我国的社会主义改造为何能够成功？——从荣毅仁的选择谈起"，让学生搜集荣毅仁的相关资料，通过荣毅仁的人生经历和选择来理解我国社会主义改造的政策。

2. 模块一线下实践教学的内容架构

模块一的线下实践教学更加形式多样，丰富多彩。首先是参观类的实践教学。

广东具有丰富而独特的红色文化资源，可以组织学生参观广州近代史博物馆、广州农讲所、中共三大会址纪念馆等广州红色文化遗址，也可以要求学生参观家乡的红色文化遗址，还可以让有条件的同学到湖南参观毛泽东故居、毛泽东纪念馆、毛泽东遗物馆等。其次是研读类实践教学，可以组织学生课堂或课后进行《中国的红色政权为什么能够存在?》《论持久战》《论十大关系》《关于正确处理人民内部矛盾的问题》等文章的读书会或读书沙龙。再次是竞赛类实践教学，比如毛泽东诗词朗诵比赛、毛泽东思想知识竞赛、红歌演唱会等，还可以开展以

"社会主义改造成功还是失败?""社会主义改造有无必要?"为主题的辩论赛。最后是讨论类实践教学,可以引导学生讨论"关于社会主义改造,如何看待'早知今日,何必当初'的观点?""如何正确看待初步探索的经验教训?"等主题。对于那些基础较好的班级,还可以采用无领导小组讨论的形式。

（二）模块二实践教学的内容架构

从教材体系来看,模块二所占的比例较小,内容高度凝练,对学生掌握理论的要求不高。因此,相比前后两个模块,模块二开展实践教学的必要性相对小一些。从内容上看,模块二包括"邓小平理论""'三个代表'重要思想"以及"科学发展观",其可以利用的线上线下资源都相对比较少,因此开展实践教学的可行性也相对小一些。当然,这并不意味着模块二不重要,事实上,模块二连接着模块一和模块三,起着"承上启下"的重要作用。模块二线上线下实践教学的形式相对比较少,主要采用网上实践教学和研读类实践教学。例如,在网络实践教室以"走近邓小平,学习邓小平理论"为主题进行实践教学,组织学生探讨邓小平"三落三起"人生经历对青年学生的启发意义,组织学生阅读《邓小平传奇》等著作,组织学生讨论"三个代表"重要思想形成的背景、原因及意义等。

（三）模块三实践教学的内容架构

模块三的内容紧跟新时代步伐,贴近学生现实生活,容易激发学生的兴趣和共鸣,其线上线下实践教学可以安排如下:

1. 模块三线上实践教学的内容架构

模块三的线上实践教学也有不少可以选择的形式。例如,可以参观"砥砺奋进的五年"大型成就展网上展馆,可以在网络实践教室以"走近习近平，学习习近平新时代中国特色社会主义思想"为主题进行实践教学，也可以利用虚拟仿真资源。根据教学内容不同，还可以用远程连线的形式将各行业代表"请"进课堂。例如，关于"建设现代化经济体系"，可以连线企业家；关于社会主义民主政治，可以连线本校优秀毕业生、十八大代表；关于全面建成小康社会，可以连线学生家长……

2. 模块三线下实践教学的内容架构

相比前面两个模块，模块三的线下实践教学可选择和利用的资源和形式更为丰富多样。首先是参观类的实践教学，可以鼓励有条件的学生利用节假日参观"砥砺奋进的五年"大型成就展。其次是研读类的实践教学，可以组织学生课堂或课后进行《习近平的七年知青岁月》《习近平谈治国理政》《摆脱贫困》等著作的读书会或读书沙龙。再次是竞赛类的实践教学，例如表现十八大以来成就和变化的摄影作品展、征文比赛，还可以举行新时代红歌比赛等。又如，关于"就业是最大的民生"问题，可以举行"高职大学生应该先就业还是先升学？"的主题辩论赛。最后是调研类的实践教学，例如十八大以来家乡经济、社会变化的调研报告，十八大以来人民群众对我党和政府的满意度调查等。除了上述类型，模块三的线下实践教学还有很多，比如可以让学生在校园或者街头以"谈谈你的中国梦"为主题进行随机采访，可以组织服兵役学生座谈会或宣讲会，还可以利用重要纪念日（如建党一百周年）举办的各种活动嵌入实践教学。

三、思政课线上线下混合式实践教学的实施过程

结合教学条件和学情特点等，确定实践教学的内容和形式后，就可

以开展实践教学了。如前所述，不管是线上还是线下实践教学都有丰富的具体形式，其所需的条件和要求不尽相同，具体的实施过程也大不一样。由于篇幅所限，本文仅对线上和线下各一个实践教学进行介绍。

（一）线上实践教学的过程

1. 设计实践主题

实践主题的设计和选择是关键。一方面，实践主题要紧抓住当前热点问题，体现实践教学的时代性和针对性。以思政课核心课程"概论课"为例，要敏锐抓住重要纪念日，如建国七十周年、长征胜利八十周年、建党一百周年等历史契机进行实践教学。这实际上是把握教育的时机的问题，时机把握准确，可以达到事半功倍的效果。另一方面，实践主题要紧扣学生特点，凸显学生为本理念和提升学生获得感为目的。总之，一个好的实践主题必须既是当前社会"关注点"，又契合学生的"兴趣点"。例如，今年我国隆重庆祝建党一百周年，笔者准备设计建党一百周年的实践教学。考虑到高职学生理论功底较为薄弱、爱听故事、表现欲强烈等特点，故将实践教学的主题定为"精彩的党史人物——庆祝建党一百周年"。具体实践题目可以参考表一：

序　号	实践教学的主题
1	领袖篇（毛泽东、陈独秀、李大钊、瞿秋白、周恩来、刘少奇、邓小平）
2	元帅篇（朱德、彭德怀、林彪、刘伯承、贺龙、陈毅、罗荣桓、徐向前、聂荣臻、叶剑英）
3	大将篇（粟裕、徐海东、黄克诚、陈赓、谭政、萧劲光、张云逸、罗瑞卿、王树声、许光达）
4	女杰篇（缪伯英、向警予、杨开慧、王会悟、贺英、赵一曼、江竹筠、郭俊卿、陈少敏、蔡畅、贺子珍、黄慕兰）

续表

序 号	实践教学的主题
5	英烈篇（邓发、刘胡兰、张思德、杨虎城、夏明翰、杨靖宇、邱少云、周文雍、董存瑞、雷锋、黄继光、方志敏）
6	特工篇（李克农、潘汉年、沈安娜、张露萍、朱枫、钱壮飞、李克农、胡底 、李白、袁殊、阎宝航、鲍君甫、熊向晖、杨延修、傅冬菊）
7	叛徒篇（陈公博、周佛海 、向忠发、顾顺章、余洒度、贺治华、李士群、丁默邨、文强）
8	国际友人篇（马林、尼克尔斯基、斯诺、白求恩、斯特朗、爱泼斯坦、赛珍珠）

2. 开展网络实践教学

这是线上实践教学的中心环节。首先，学生以小组为单位商讨并确定具体实践主题；其次，充分利用网络实践室的电脑软硬件条件，有效利用网络丰富资源搜集、筛选、选择恰当资料（包括文字、图片、音视频资料）制作PPT。学生在这个过程中，往往有一些问题或技术困难，教师要积极关注各小组的动态和进展，并及时给予指导与帮助。

3. 实践作品展示

作品展示形式不限，可以根据小组成员的特长和兴趣爱好。可以参考以下形式：PPT解说+视频、PPT解说+情景剧表演、自制微视频等。为了调动更多学生的积极性，可以在每个小组完成实践作品展示后，由其他小组的同学进行提问并要求指定同学回答问题。由于时间限制，有些小组可能还来不及展示小组作品，可以安排他们在理论教学时间来进行作品展示。对于优秀的实践作品，教师可以将它们在学习通的课程空间展示，或者推荐他们参加马克思主义学院每学期举办的实践作品比赛。

4. 师生总结点评

教师的总结点评是最后环节，其意义主要在以下两个方面：一方面，教师对本次实践教学总体情况进行总结，可以让学生清楚什么地方做得好，进而增加自信，有成就感；什么地方还有待改善，从而明确努力的方向和目标。事实上，教师也能从中学到很多。比如教师不一定清楚了解党史上的每个人物，通过这个网络实践教学，教师可以快速了解更多党史人物的生平和贡献，为自己的教学生涯积累有用素材。比如学生在 PPT 制作、资料搜集等方面都有可取之处，教师完全可以借鉴学习。另一方面，教师还应该从理论方面进行提升，进一步揭示本次实践教学的重要意义，从而增强实践教学的深度和广度。可以说，教师的总结点评是网络实践教学的点睛之笔。

（二）线下实践教学的过程

常见的线下实践教学形式主要包括组织学生参观红色文化资源、社会调研、志愿者活动等。广东轻工职业技术学院依托高职院校"校企合作"的办学优势，探索了独具特色的"企业德育"校外实践教学。所谓"企业德育"实践教学，是以高职院校顶岗实习企业为依托，将企业建成"大学生思想道德素质教育实践基地"（以下简称"企业德育基地"），充分利用企业德育资源对学生进行教育的实践形式。可见，"企业德育"实践教学和高职院校专业课的企业实训和顶岗实习的对象和目的不尽相同，前者主要培养大一、大二学生的思想道德心理素质，后者主要培养毕业生的专业技能。"企业德育"实践教学让大一、大二学生有机会走进企业，满足高职大学生对就业场域的关注，具有明显的优越性。

1. 根据实际情况选择企业实践基地

十几年来，笔者所在的马克思主义学院建立了众多企业实践基地，为开展企业实践教学提供了所需要的各种资源和条件。教师在开展

"企业德育"实践教学之前，首先要根据学生专业背景等具体的情况选择最优企业。调查显示，学生更倾向到与本专业相关的企业，最好是和本校本专业有固定合作关系的企业，即能为学生今后的实习、就业提供机会的企业。对企业而言，这样的实践活动也有利于学生更早了解企业，为企业将来招聘人才做准备，因此也更愿意为实践活动提供各种便利条件。除了专业对口，教师还应该考虑交通成本等情况。

2. 做好企业德育实践的准备工作

企业德育实践的准备工作主要包括与企业的沟通协商、对学生进行指导和培训。首先，提早与企业联系沟通，了解企业可接待学生的人数，企业相关的要求，确定时间和流程等，也让企业了解实践教学的目的和要求。即学校企业双方要提早协商以保障实践教学的顺利进行。其次，对参加企业德育实践的学生进行指导和培训，告知他们实践教学的目的及注意事项，也要了解学生有何期待和要求。即师生双方要充分沟通以保证实践教学的实际效果。此外，企业德育实践的准备工作还包括安排回来的交通工具，办好带学生外出的相关手续。

3. 企业德育实践的一般流程

企业德育实践的一般流程：首先，学生参观企业的工作环境；接着，企业方介绍企业发展历程和发展前景；然后，学生向企业方请教问题。为了更好实现实践教学的目的和要求，应该事先谈论并确定学生要提的问题。教师要引导学生讨论并初步产生几个题目，由教师评审并最终确定题目。例如，化妆品班到某化妆品公司进行"企业德育"，可以确定如下题目：企业对员工素质有何要求？在校大学生应该如何进行职业生涯规划？如何提升就业竞争力？对大学生就业、创业有何看法和建议？创业需要具备哪些条件？如果事先了解到该企业有不少员工是本校师兄师姐，就可以请教师兄师姐有何经验教训？恰当的实践题目，可以让学生明确实践目的，确保整个实践活动紧紧围绕实践目的进行。当然，学生也可以提一些临时发现的问题和困惑。在整个"企业德育"过程中要注意遵守事先确定的时间和流程，尽量不影响企业运营；要尊重企业工作人员，讲究礼貌；听从企业方的安排。

4. 全面总结实践教学活动

企业德育实践教学结束后，师生抓紧时机总结以巩固教学成果。首先让实践成员相互交流，以演讲方式谈谈自己的所见所想，分享实践经验和心得体会。接着教师要总结学生在实践中的表现，肯定优点并适当地指出可以改进的地方。实践队员把在实践教学中的各种见闻、感想等汇总成册，并作为此次实践教学的重要资料；完成新闻稿件，向校内网站投稿。考虑到一些高职大学生不清楚如何撰写实践报告，为了提高实践报告的质量，教师要对学生进行有关实践报告撰写方面的简单培训。至此，学生的实践完成。但是教师的工作尚未结束，还要对整个"企业德育"实践活动进行总结，比如准备是否充分，流程是否合理，哪些地方还可以改进完善等。

四、实践教学的评价

教学评价具有明显的导向功能和激励功能。教学评价分类很多，从评价主体上看，可以分为教师评价和学生评价相结合，从评价侧重点看，可以分为形成性和过程性评价相结合。如前所述，线上、线下实践教学所针对的教学内容、所需要的资源和条件不同，对学生和实践成果的要求也不同，对应的评价方式和评价体系也应该有所侧重和差异。

（一）思政课线上实践教学的评价

思政课线上实践教学的评价以教师评价和过程性评价为主。如前所述，线上实践教学主要参观网上展馆、普通网上实践教学、远程连线、VR实践教学等，这些实践教学都是在课堂上教师直接指导和全程观察下进行的，教师比较容易观察学生们在过程中的态度和努力程度，可以结合每个小组及其成员的表现和作业情况给予较公平合理的评价。众所周知，学生实践作品或成果的质量不单单取决于学习态度和努力程度，还和他们的基础和能力有关。如果教师过于强调形成性评价，将会打击基础较差的学生，从而无法实现评价的激励功能。相反，如果教师强调过程性评价，更侧重考察和评价学生的学习态度和努力程度，将会大大激励学生。另外，从评价的内容来看，线上实践教学主要反映学生的团队精神、积极主动性、合作协商能力、口头表达能力。下表是笔者所在马克思主义学院制定的教师线上实践教学评价标准。

学习态度（20分）：是否课前做好准备、课中遵守纪律、积极性等	团队精神（20分）：小组内部合作协商能力	思想认识水平（30分）：政治立场正确、价值观正确、积极向上	口头表达能力：（20分）思路清晰、语言流畅	总评（10分）达到教学要求取得学习成效	总得分

（二）思政课线下实践教学的评价

思政课线下实践教学的评价则以学生评价和形成性评价为主。如前所述，线下实践教学可以分为参观类、研读类、竞赛类、讨论类、调研类等。这些实践教学往往是以小组或团队为单位在课外、校外进行的，教师很难了解每一个学生的表现和努力程度，在这种情况下，教师的评价具有一定的片面性。而学生更清楚每个人对实践教学成果的贡献程度，学生的自评和互评更有参考意义。以学生为主体进行教学评价，应该重在考核各小组和小组成员的努力程度还是实践成果的质量水平？前者具有主观性，后者则具有客观性，因此思政课线下实践教学的评价应该以形成性评价为主。而从评价的内容上看，线下实践教学不仅反映了学生的口头表达能力，更能直接反映学生的社会调研能力、逻辑思维能力、动笔能力以及计算机相关能力。下表是笔者所在马克思主义学院制定的线下实践教学的评价标准。

调查报告、研练报告、研练心得等文字类作品评分标准

主题（10分）：主题鲜明、政治立场正确、富有价值	内容（20分）：紧扣主题、理据充分、观点明确	文字与语言（20分）：思路清晰、文字准确、语言流畅	理论水平(30分)：逻辑严谨、运用思想政治理论知识、原理等阐述观点	字数达标1500～5000：格式规范（10分）	总评（10分）：达到教学要求取得学习成效	总得分

PPT、微视频等音像类作品评分标准

主题（10分）：主题鲜明、政治立场正确、富有价值	内容（20分）：紧扣主题、理据充分、观点明确	文字与语言（20分）：思路清晰、文字准确、语言流畅	理论水平（20分）：逻辑严谨、运用思想政治理论知识、原理等阐述观点	制作技术(20分)：技术先进、视觉效果好、感染力强	总评（10分）：达到教学要求、取得学习成效、微视频时长建议（3～10分钟）	总得分

　　线上、线下实践教学的评价有所侧重，但并不是要否定相对应的评

价方式。实际上，思政课线上线下混合式实践教学的评价要结合教师评价和学生评价、过程性评价和形成性评价，才能更客观科学地评价并实现教学评价的功能。

（作者简介：陈爱华，广东轻工职业技术学院马克思主义学院副教授。主要讲授《毛泽东思想和中国特色社会主义理论体系概论》，曾获广东省思想政治理论课青年教师基本功比赛二等奖和学校"课堂教学质量优秀奖"，在《高教探索》《中国青年研究》和《长春师范大学学报》等刊物发表论文30余篇，近年来开展思政课线上线下混合式教学改革，特别是混合式实践教学改革探索。）

后　记

　　中共中央宣传部、教育部关于印发《〈中共中央宣传部 教育部关于进一步加强和改进高等学校思想政治理论课的意见〉实施方案》的通知（教社政〔2005〕9号）所附实施方案（2005方案）中，明确了四年制本科开设4门必修课："马克思主义基本原理""毛泽东思想、邓小平理论和'三个代表'重要思想概论""中国近现代史纲要"和"思想道德修养与法律基础"；专科设置2门必修课："毛泽东思想、邓小平理论和'三个代表'重要思想概论""思想道德修养与法律基础"，并明确了学分和主要内容。从2006级学生开始，全国普通高等学校普遍实施2005方案。其中"毛泽东思想、邓小平理论和'三个代表'重要思想概论"后改为"毛泽东思想和中国特色社会主义理论体系概论"。中共中央宣传部、教育部关于印发《新时代学校思想政治理论课改革创新实施方案》的通知（教材〔2020〕6号）所附的实施方案（2020方案）中，明确"形势与政策"之外，大学阶段本科开设"马克思主义基本原理""毛泽东思想和中国特色社会主义理论体系概论""中国近现代史纲要"和"思想道德与法治"；高等职业学校专科开设"毛泽东思想和中国特色社会主义理论体系概论"和"思想道德与法治"。依据上述两个方案的课程设置和教学实际，我们编写了本案例。

本书采用章节体例编写，但不是通常意义上的章节关系，为此特做如下说明。第一，这里"章"代表的是 1 门课程，"节"代表的是该课程内容中的某章或某节的具体教学案例；这里"节"之间按照教材内容的先后排序，但并不是通常章节间具有的逻辑结构。第二，由于本书编写过程正好赶上由 2005 方案到 2020 方案的过渡与转变，2021 秋季新版教材尚没有面世，因此，尽管有些章节做了适度调整，仍然存在教学内容与新版教材不是严格一致的情况，但也不影响案例的实际价值。第三，在每个案例正文后有作者简介，不在后记中特别说明所承担写作任务，顺便予以说明。在此，对本书作者、编务人员一并表示衷心感谢！

　　本案例成书之际，适逢中国共产党百年华诞，不敢美誉为献礼，但愿能够对思政课教学有所补益。不足之处，敬请读者批评指正！

2021 年 9 月